樋野興夫

がん哲学のレッスン

教室で〈いのち〉と向きあう

かもがわ出版

はじめに――がん哲学とがん教育をつなぐ

がん哲学は、生物学の法則と人間学の法則を融合したものです。

わたしは病理学者として、がん細胞を顕微鏡で見つづけてきました。人体は日々、細胞分裂で新しい細胞が生まれ、やがて死滅するというダイナミックなサイクルを繰り返しています。体内には、3か月で細胞がすべて入れ替わる部分もあるといわれます。それでも自分自身でいられるのは、遺伝情報が細胞分裂のときにコピーされ、受け継がれていくからです。

顕微鏡の中で目撃するがん細胞の驚くべき生命力と、したたかで、ときに容赦ないメカニズム。それは、人間の行いや社会のあり方を大いに想起させます。がん哲学は、ミクロの世界の示唆に富む生命現象から、人間社会というマクロの病理などを考える新領域として提唱したものです。

　がんは、医療の進歩で死に直結する病気でなくなったとはいえ、常に日本人の死因の1位を占め、3人に1人はこの病気で亡くなっています。告知された時のショックを乗り越え、自分らしく生きるにはどうすればいいのか。そのヒントを患者さんがつかむ手助けができればと、2008年、「がん哲学外来」を順天堂大学医学部附属順天堂医院に特別外来として創設しました。以来、がん哲学外来は、メディカル・カフェなどの名前を冠し、医療者や研究者、がん患者の手によって全国各地で次々に開設されています。


　一方、がん教育は、2006年に制定された「がん対策基本法」にもとづく「がん対策推進基本計画」で、必要性が指摘され続けてきました。

　2012年の第2期基本計画には、「がんの教育・普及啓発」が新たに盛り込まれました。そして、がんへの理解を深める教育が不十分との指摘にこたえる形で、「がん教育をどのようにするべきか検討し、教育活動の実施を目指す」とされました。

　2017年の第3期基本計画には、「外部講師の活用体制を整備し、がん教育の充実に努める」とあります。これを受けて、新学習指導要領にもがん教育が明記され、学校現場で本格的に実施されることになりました。

がん教育の具体的な内容、授業の進め方、課題などについて、教育の専門家や医療者が議論を重ね、学校現場では授業実践も進んでいます。わたしも、文部科学省の科学研究費によるがん教育の研究に加わり、教師や父母の方々から多くの意見を聞くことができました。

そんな中で、確信に変わったひとつの思いがあります。

それは、がん哲学の視点とメソッドをがん教育に導入すれば、より深く、豊かな学びにすることができる、という思いです。


がん哲学には、これまでの蓄積にもとづくコンセプトがあります。がんを学ぶうえで大切なことは、予防の知識を覚えることよりも、がんとどう向きあうかを思索する哲学的なアプローチです。がんの実態を知ったうえで、がんを受け入れ、失意から一歩を踏み出す力をつかむ。そのための心構えを学ぶことは、命の大切さに気づき、自分らしく生きることにつながるはずです。

こうした授業ができれば、いつか子どもたちが大人になり、自分や身近な人のこととしてがんに向きあった時、どう対処すればいいかを冷静に考え、行動する道しるべになるのではないでしょうか。

本書では、がん教育で扱うテーマを各章に織り込みました。主に第1章では、日本のがんの状況や種類、予防と早期発見、第2章ではがんとは何か、病状の経過、治療法、緩和ケア、第3章では患者への理解と共生、そして第4章、第5章では患者の生活の質に触れ、第6章ではがん教育の授業の一部も採録しています。

がん教育を念頭に書いたこの本が、がん哲学とがん教育の架け橋になれば、というのが筆者の願いです。本の中のひとことでも、学校の先生や生徒、父母の方々の心にとまり、教室でのがんの授業や家庭での親子の語りあいを深めるきっかけになれば、これに優る喜びはありません。

がん哲学のレッスン◉目次

第4章　自分らしく生きる。

第5章　生と死を見つめる。

第6章　教室で語りあう。

がんと向きあう3人に聞く。

第1章

がん教育はなぜ必要か。

がんの親から子どもが学ぶ時代になった

がん教育の大切さを痛感するのは、がんに悩む親と子に出会ったときです。

がん宣告は突然訪れます。子育ての最中にがんと知らされた母親は、大きな不安に包まれ、未来を見通せなくなります。しかし、自分の病気に悩みながらも次第に落ち着きを取り戻し、周りが見えるようになると、我が子への接し方も少しずつ変わってくる。すると、子どもたちも変わってきます。

母親がいつも悲壮感を漂わせていては、子どももつらくなる。母親が、がんにもかかわらず前を向いてがんばっている姿に、子どもは勇気づけられるのです。実はこれこそ、がん教育の最初の形ではないでしょうか。

自分の力ではどうしようもないことで一番困っている人が、それにもかかわらず、何かに取り組む姿に、人は感動を覚えます。この感動は教育の大きな成果ともいえます。日々、がんになった親の姿を見て、子どもは学んでいく。がんが必ずしも「死に至る病」ではなくなり、患った親がどのようにすれば子どもの教育になるかを考える時代を迎えたのです。

この本を書くにあたり、がん哲学外来で出会った2人の母親に、がんと向きあいながら家族と過ごしてきた経験を本の中で披露してほしい、とお願いしました。それは、がん患者が家族や社会とどう向きあい、がんとどう折りあいをつけていったのかについて、患者自身の声を直接、読者にお伝えしたかったからです。快諾を得た母親のうち1人の息子さんからも、協力を得ました。随所で登場していただきます。

まず、1人の母親を紹介しましょう。齋藤智恵美さんはいま、長野県松本市でひとりの男の子と暮らしながら、がん患者や家族が語りあう「松本がん哲学みずたまカフェ」の代表を務めています。乳がんの告知を受け、軽井沢のメディカル・カフェに見学に行った時、どんな気持ちも否定されることがない安心感に衝撃を受けたそうです。自分でも開設したいと思った智恵美さんからわたしに連絡があり、カフェを開く後押しをしました。ブログのコラム「心に咲く花」にいろんな出会いをつづっています。

涙とともにパンを食べた者でなければ人生の本当の味はわからない

智恵美さんが乳がんと告知されたのは、32歳の時でした。右胸に自分でつかめるほどのしこりを見つけ、検査したところ、すでに右脇下のリンパ節にも転移がみられたため、手術に加え、術前術後の化学療法や放射線などの治療が必要だったようです。息子さんが保育園に入園し、自身も新しい場所で働きはじめた直後のことでした。

がんになると、「何でわたしが」という思いをだれもが抱き、ネガティブな感情に包まれます。一番の悩みはなんだったのでしょうか。

智恵美さんは次のように振り返ります。

がんの告知を受けた当初、両親や周りの人の「もしかしたらこの人は死んでしまうのかもしれない」という心配、不安がダイレクトに伝わってくることが、一番つらいことでした。担当医からの手術の提案を一度お断りしたことがありました。この判断は、両親や周りの人にとっては受け入れがたいものだったようです。それを感じていたわたしは無意識に距離を置き、孤独を選ぶようになりました。苦しかったのは、八方塞がりでわたしの周りにはだれも理解してくれる人がいないと思い込み、孤独に入り込んでいた時でした。しかし、いま考えると、しっかりと自分や病と向きあう時間があったから、いまの積極的な生活につながっているのだと感じています。

智恵美さんは胸のしこりに気づいていたので、告知された時にがんだという覚悟はできていたそうです。それでも治療方法の選択などで悩み苦しんだのは、周りの人との人間関係がナイーブになり、孤立を深めたからでした。

しかし、智恵美さんは、自分の年代でなかなか出会わないことと受けとめ、その苦しみをとことん体験し、自分に取り込もうと努めたそうです。

がんを告知された時には、地位や名声を得ていた人もふくめて、みんな「太古の人間」に返ります。社長も平社員も先生も母親もありません。肩書や役割を取り去ってひとりの人間に戻り、がんをどう受容すればいいのか悩みます。受け入れ方は個人の自由であり、自分の意志です。ひとりの人間としていかに生きるか、本当の自分はどんな人間なのか、との思索が始まります。これががん哲学です。

「涙とともにパンを食べた者でなければ、人生の本当の味はわからない」

ドイツの詩人で劇作家、ゲーテの作品の一節です。本当の自分を知るためには、涙を流しながらパンをかみしめるような経験がとても貴重、ということだと思います。不安や恐怖と向きあい、乗り越えたときに、それまでと少し違う景色が見えるのではないでしょうか。

人生から期待される生き方をする

智恵美さんは、がんと正面から向きあう中、松本でメディカル・カフェを開き、次第に視野を広げていきます。

カフェは、空っぽの器です。ちょっとしたお茶とお菓子を用意して、話に耳を傾ける。わたしにできるのはここまでです。そこから先は、訪れた本人が少しずつ、気持ちを整理して、自分らしさを取り戻していきます。双方向で対等な関係、社会的立場の垣根を越えた人間同士のかかわり。それこそが、本来持つ人間的な魅力や底力を引き出すのだと感じました。

「人生に期待するのではなく、人生から期待される生き方をする」。この言葉の処方箋《しょほうせん》をとても大切にしています。自分にはコントロールできない出来事が起こった時に、「さあ　あなたはどうするのかな」と、正解、不正解の枠を超えて優しく温かなまなざしで見守られている気がするからです。

がんに悩む多くの人との出会いがあったからこそ、ご自身も強く成長し、充実感を得ていったことがわかります。空っぽの器を頑丈にして、多くの人が水を注ぐ素晴らしい器に育てています。

「言葉の処方箋」は、がん哲学外来を訪れた患者さんに、がん哲学のエッセンスを伝えるには言葉が必要だと思い、お伝えしています。無料で副作用ゼロ、がうたい文句です。

言葉を処方するためには、わたしの中に多くの言葉の引き出しがあることが欠かせません。手引きになるのは、学生時代に読んだ先人の名著です。その代表格が、国際連盟事務次長も務めた教育者、新渡戸稲造（＊1）（1862―1933）、日露戦争で非戦論を唱えたキリスト教思想家、内村鑑三(*2)(1861―1930)と、ともに東大総長を務めた政治学者、南原繁(*3)(1889―1974)、経済学者、矢内原忠雄(*4)(1893―1961)。この4人はつながりが深く、新渡戸と内村はクラーク博士で有名な札幌農学校の同期で、南原と矢内原はこの2人に私淑していました。

4人の書物には、人間の存在意義や多様性、社会のあり方など、人の生き方に関する含蓄ある言葉が多く、引用したり自分なりの解釈をほどこしたりして伝えています。

智恵美さんが挙げた言葉の処方箋は、ヴィクトール・E・フランクルの『夜と霧』(新版、池田香代子訳、みすず書房、2002)の一節が胸に刺さり、生まれたものです。

「わたしたちが生きることからなにを期待するかではなく、むしろひたすら、生きることがわたしたちからなにを期待しているかが問題なのだ、ということを学び、絶望している人間に伝えねばならない」

これは、アウシュビッツ強制収容所から奇跡的に生還したフランクルが、過酷な体験の中で生きる意味を考え、紡ぎ出した言葉です。

自分の将来の人生に期待し、夢をふくらませることもあるでしょう。しかし、これから先の時間に美しい何かが待ち受けているのでなく、かけがえのない今という時間の中で、自分に期待されている何かがあるのだと認識を変える。そうすることで立ち位置がはっきりし、役割や使命を見つけることができるのではないでしょうか。

人生に期待すると、いつでも失望に終わります。しかし、だれもが人生から期待されています。そして人生が期待するのは、その人が必ず実現できることです。がんに直面しても、受け身でなく能動的な姿勢を保ち、人生から期待される生き方をする。そんな提案を込めたつもりです。

がんと向きあってきた智恵美さんに、がん教育にどんなことを期待しているか尋ねました。

がんを教材に、「生きること」や「命」について学んでほしいと思います。がんと生きる人、がんと生きて亡くなった人を「かわいそう」と決めつけてしまう前に、その人が何を感じ、どう考え、どう生きてきたのか想像する力を養う。そのことも、がん教育の大切な役割だと思います。現在のがん教育に足りないのは、知識ではなく、想像力を育てる要素ではないでしょうか。

がんの知識であれば、学校の先生が教えることは十分可能です。しかし、生きることや命については、先生も子どもたちも同じ土俵で考えることになります。そのような時には、実際にがんを経験している人や、日々がん治療で患者さんと向きあう医師の「生きた言葉」が役立つのではないかと思います。

がん教育の課題を踏まえた貴重な提案です。

大切なのは、がんの知識だけでなく、がんに対する心構えを学ぶことです。しかし、学校現場はまだ、がんのことを深く考える機会が不足しているのが現状です。

どんな心構えで生きるか
医療の隙間を埋める哲学

がん対策基本法が２０１６年に改正されました。改正によって、「国民ががんに関する知識とがん患者への理解を深めることができるように、学校や社会でがんの教育推進に必要な施策を講ずること」という責務が国と地方公共団体に課されました。これを受けて、文部科学省は新学習指導要領に「がん教育」を明記し、中学校では２０２１年度から全面的に実施、高校では２０２２年度から年次進行で実施する方針を打ち出しました。

この背景のひとつには、日本人の平均余命がどんどん長くなっている現状があります。

１００年前、日本人の平均余命は40歳でした。いまは80歳を超えています。生きるという生物的な行為は、昔も今も変わっていない。人体の仕組みもがん細胞のメカニズムも同じです。ただ、昔は多くの人が、がんを発症する前に亡くなっていましたが、いまは多くの人が長生きするようになったため、２人に１人ががんにかかる時代を迎えたのです。

文部科学省の「『がん教育』の在り方に関する検討会」の報告（２０１５）は、取り扱うテーマとして次の九つを挙げています。

１がんとは　２がんの種類とその経過　３我が国のがんの状況

４がんの予防　５がんの早期発見・がん検診　６がんの治療法

７がん治療における緩和ケア　８がん患者の生活の質

９がん患者への理解と共生

しかし、詳細な教育内容が示されているわけではありません。導入対象も中・高校だけで、保健や道徳の時間に取り組むとされましたが、その具体的な目標や、小学校でのがん教育をどうするかは今後の課題です。

わたしは2016年度から3年間、順天堂大学の教授としてひとつの実践研究に参加しました。タイトルは、「がん哲学外来を基盤にしたがん教育・対話学の確立」です。

がんは、医療の急速な進歩により治らない病気ではなくなりました。しかし、いまだに死に直結する怖い病気だというイメージから、多くの患者が宣告されると混乱し、治療法などをきちんと選択できないでいます。一方、医療者の側は、最新の医療技術を駆使することに手一杯となっており、患者に寄り添う視点はいまだに不足しています。

がん哲学外来はそんな中、心の痛みに悩む患者と治療に比重をおく医療現場との間にある隙間を埋めるために始めました。哲学といっても、ソクラテスとかプラトンのような論理学的なものではなく、人とどう接するか、どんな心構えで生きるかといった人間学の色彩が強い新領域です。開設から10年余り、がん哲学の実践の場であるメディカル・カフェは全国各地の170か所余りに広がっています。

実践研究では、このがん哲学外来の経験をもとに、東京都文京区の小・中学校でがん教育の授業を行ったほか、教員向けのがん教育講座を開いて教育システムの確立を目指しました。また、文京区教育センターとともに「小学校がん教育検討委員会」を立ち上げ、区立小学校の校長、教務担当主幹教員、体育主任、養護教員らと議論を重ね、指導資料「文京区モデル　小学校におけるがん教育」を作成しました。公開講座も開き、市民・学校・大学が協力して「がんを知り、共に学ぶ場」を広げる実践的な内容でした。

この研究を通して、がん哲学をがん教育に応用することは有効だ、という確信を持ちました。

困っている人と一緒に困ってあげる

がん哲学は、生物学の法則だけでなく、人間学の法則も取り入れています。心構えや人との接し方などを考える人間学は、道徳でも宗教でもなく、あいまいなものなので、公式に学校現場に盛り込むのは難しいのでしょう。その結果、生物学の知識の比重が大きくなるため、心に沁みるような授業になりにくいのではないでしょうか。人間学的な部分が欠落していると感じます。

がんに対する哲学的なアプローチの術を知っていれば、親や自分のがんに速やかに向きあうことができます。がんをどう受け入れ、自分らしく生きるか。身近ながん患者をどう支え、ともに生きていくか。こうしたことを「対話」の中で発見していく哲学的なアプローチこそ、がん教育に最も必要だと感じています。

がん教育の中身は、小学校と中・高校で性格が異なるものになると思います。高校では、がんに関する正確な知識を生徒に教えることに重きを置くことになりますが、小学校では、細かい知識よりも心構え、家族の人ががんになった時、どんな心構えをするかを学ぶことが大切です。すでに全国各地の小学校でがん教育が試みられていますが、この点が十分になされているでしょうか。中学校では、小学校と高校の教育要素が混じりあうことになります。

祖父母や父母ががんになった時、同じリビングルームでどういうふうに1時間、2時間を過ごすか、これが心構えの問題です。自分がゲームをして親が新聞を読んでいてもかまいませんが、お互い目に見える範囲で一緒にいる習慣をつくる。苦痛にならない人間関係をつくる。それが教育です。

心構えをつくることとは、人間学の法則をも領域とするがん哲学の目的のひとつでもあり、がん教育と親和性があります。

読者の皆さんは、がん患者のベッドサイドに30分座っていることができるでしょうか。わたしの教え子の大学生たちに試してもらったことがあります。多くは、10分で部屋を出てしまいました。自分より困っている人と長くいることができず、相手を嫌な気持ちにさせてしまう恐れもあります。

苦難の中にある両親、祖父母と一緒にいることが苦痛にならない人間になる。困っている人と一緒に困ってあげる人になることが大切です。

また、小学校のがん教育では、子どもが授業で学んだテーマについて、家で両親と話しあうような内容にすることも重要です。がんとはどういうもので、どうしたらがんをおとなしくできるのか、がんに寄り添うとはどういうことか、などを話す。がん細胞は、年寄りのネズミの肝臓に植えた時と若いネズミの肝臓に植えた時とどちらが大きくなるか、という話をする。そんなことを我が子が話せば、両親も耳を傾け、検診にも行くのではないでしょうか。両親、祖父母の検診率を高める効果も期待されています。

ですから、がん教育は中学からでなく、小学校の高学年から始めるのがいいと考えています。

病気であっても病人でない社会をつくる

がんと向きあう時に一番大事なことは、病気であっても病人でない、という心構えです。がんも単なる個性のひとつと受けとめる社会をつくる。そして患者の個性を引き出す。これが基本です。

病気になるのは仕方ありません。雨はだれにでも降るように、病気もだれでもなる可能性があります。雨が降った時、傘をさすか、レインコートを着るか、家のなかに入るかは自由意志です。そういう意味で、病気は仕方ないけれども、病気になった時にどう対応するか、というのが心構えです。

病気になって視野がとたんに狭くなり、この治療は効くのだろうかとか、検査数値が少し悪くなったのは再発したからではないかとか、病気に心を支配されている状態の人のことを病人とします。すると、病気になっても希望をしっかり持って生きている人を、だれが病人と呼ぶでしょうか。

「天寿がん」という言葉があります。わたしの恩師だった癌研究所長が提唱した言葉です。

恩師によると、元気に暮らしていた95歳の老人の食欲が急に落ち、食事が取れなくなりました。それから4か月後に亡くなり、家族は老衰だと思っていました。しかし、恩師が病理解剖すると、胃に大きながんがあった。実は胃がんで食事できなくなっていたのです。それでも老人は苦しむこともなく、穏やかに最期を迎えました。恩師は、これを「天寿がん」と名付けました。

がんと共存する時代になったことを示すケースです。がんが大きくなったら叩き、大きくなったら叩く。そして天寿を全うして逝くのが「天寿がん」と理解しています。

がんになったらどう生きるかという心構えの大切さをお伝えしてきました。しかし、いまのがん教育は「心構え」より、「予防」を強調することに陥っていないでしょうか。子どもたちにタバコを吸うなという話ばかりすると、先生たち大人が吸っているのはどうして、ということになる。予防を中心にした教育をすると、子どもたちの心構えはできません。

がんは防げず、2人に1人ががんになる時代です。がんと共存することが人類の進むべき方向ですから、がん教育は予防でなく、心構えをつくることを第一の目的とすべきです。

がんになると、学校でも会社でも、周りとの関係に苦労します。嫌なことがあるかもしれませんが、どのように日々精進していくか、そのヒントをつかんでもらうような教育がいい。そうすると、子どもも、困っている人への寄り添い方がわかってくる。心がやさしくなります。

たとえば、小児がんのクラスメートと一緒のテーブルに座って自然に食事するように、一番困っている人と一緒にいられるようにする教育が広がってほしいと思います。

教育は、すべてを忘れた後になお残るもの

一方、がん教育に取り組む教師の心構えも大切です。

まず、がんの知識を持たなければいけません。がんを見たことがなければがん細胞の標本を見て、がんとはどういうものかを知る。そして、がんと向きあう心構えをどう教えたらいいかを考える。父母ががんになったら、子どもたちは家でどう接すればいいのか。同級生ががんになったら、クラスメートは教室でどう接すればいいのか。その答えは、同情や憐れみなどでは決してないはずです。

教育というのは、忘れたあとに残っているものだと思います。教師が思いを込めて、ある言葉を子どもたちに伝えます。子どもたちは、しばらくすればその言葉を忘れる。しかし、卒業して社会に出たあと、自分の力でどうにもできないような局面や、積み重ねた努力が報われた瞬間、教師の言葉が立ち上がってくる。

それが教育です。

教育とは、すべてのものを忘れたあとに、なお残るものです。

担任教諭、教務主任などの単なる肩書きでは、人の魂を揺さぶる言葉は語れません。肩書きで人を説得しようとしている人を「看板かじり」といいます。人の胸にひびく言葉は、練られた品性、人格そのものから発せられるのです。教師と呼ばれる立場にある人は、特にこのことを肝に銘じていただきたいと思います。あの先生にこんな強いことを言われた、といって嫌悪感を抱く人もいますが、あの時、あの先生が真剣に言ってくれたのが今のわたしの力になっている、という人は大勢います。

先生が自ら模範を示すと、子どもたちは将来、先生の風貌を思い出します。言葉は忘れても、先生の風貌や風格を思い出す。偉そうなことはだれにでも言えます。何を言ったのかではなく、だれが言ったのかが実は大切です。

教育とは、教えることでなく、示すことではないでしょうか。

年に100万人、がんは慢性病になった

がん教育のテーマとなる日本のがんの現状について説明しておきます。がん医療の最前線には課題が山積しています。

日本人は、一生のうち2人に1人ががんになることはお伝えしました。国立がん研究センターの「最新がん統計」(2019年10月更新)によると、その確率は、男性が62パーセント、女性が47パーセントです。子どももがんになります。例えば10歳の男の子の場合、20歳までに0・1%ががんになる恐れがあり、30歳までに0・4%、40歳までに1%、50歳までに2%、60歳までに8%、70歳までに21%、80歳までに41%の確率でがんになります。確率が歳を取るごとに高くなっていくのは女の子も同じです。

毎年、約100万人ががんになり、最も多いのが大腸がん、次いで胃がん、肺

がん、乳がんの順です。がんによる死亡は、２０１７年には約37万人で、全死亡数の28％を占めていました。男性は肺がん、女性は大腸がんが最も目立ちます。生涯にがんで死亡する確率は、男性が25％、女性が15％とされています。

また、がんと診断されてから５年後の生存率は62パーセントで、半分以上が治る時代になったといえます。近年、５年生存率より10年生存率が注目を集めています。

こうした統計は、「がんと共存する時代」が到来したことをはっきりと示しています。

医療は日進月歩で、がんの新たな治療法も次々に生まれています。第2章でも触れますが、手術療法、放射線療法、抗がん剤による化学療法のほかに、異常な分子だけに作用する分子標的薬や、免疫抑制を解除してがん細胞を攻撃させる免疫チェックポイント阻害薬などが開発されています。早期発見で完璧にがん細胞をなくすことができれば、がんは治るようになったのです。

一方で、進行がんや、がんが転移している人は治療しても再発をくり返し、もぐら叩きのように治療を続けます。人間には寿命がありますから、天寿をまっとうしてがんで逝くことになります。がんは、糖尿病などと同じように、慢性病になったといえます。

いつの時代も、がんを防ぐことはできません。人はだれでも37度の体温でインキュベートされて生きている限り、ある確率でＤＮＡに傷がつきます。生きるということが「がん化への道」なのです。ですから、がんは防げない。それでも、死と直結する病気ではなくなり、がんになってもがんで死なない時代は来ます。

そうすると、患者は社会とつながりを持ちながら慢性病であるがんの治療を続けることになり、必然的に人間関係が重要になってきます。周りがどういう目でがん患者を見るか、社会がどのように扱うかが、これからの大きなテーマになるのではないでしょうか。

新たな課題も生まれます。開発された分子標的薬や免疫チェックポイント阻害薬は、保険適用が認められても高額で、月に数万円、年に数十万円が必要です。がん患者にとっては大変な負担で、所得による医療格差という問題が生じます。

告知の問題もあります。がんが「死に至る病」と受けとめられていた30年ほど前まで、家族には告知しても、患者本人には告げませんでした。本人に告知するようになっても、当初は実際より軽く説明していたところがありました。しかし、いまは逆に重く伝える傾向があり、医学的な根拠を持って余命宣告もしています。軽く伝えて実際の進行がそれより早く重篤になった場合、医療者が責任を問われかねないという心理が影響しています。

余命宣告は確率論なのですが、患者と家族には確実なことと受けとめられがちです。余命半年と宣告されたとしても、半年後に亡くなる確率は70パーセントのレベルです。がんは人によって様々な個性があり、余命の個人差も大きいのです。医師は確率である余命をもっと丁寧に告知する必要があります。

告知が患者を不安に陥れるのは、医療の分野で対話学が不足しているからだと感じています。対話学は現在、医学部にも看護学部にも薬学部にもカリキュラムがありません。今後、対話学をカリキュラムに組み込むべきだと思います。

対話学というのは、一緒にいて、しゃべってもしゃべらなくてもお互いが苦痛にならない人間関係をつくるための学問といえます。医療現場にはまだ、馬の上から患者を見ているような医療者もいますが、馬から下りて同じ目線で花を見る視線が必要なのです。患者の要望にこたえきれていないのが医療の現状です。

医療者が情報提供のみを行って患者の自己決定を促すこと、それが必ずしも患者を尊重することにはならないことに、多くの人が気づき始めています。残念ながら、「医療維新」は道半ばです。

納得して受けないと治療に後悔する

診断内容や治療方針について、患者が主治医以外の医師の意見を求める「セカンドオピニオン」は、お任せ医療から患者が治療の決定に関わる医療へ、という流れのなかで、次第に定着してきました。手術するかどうか、もっと効果的な化学療法はないかなど、疑問がどうしても消えなければ別の医師の意見も聞く。このことは患者の当然の権利ですから、大賛成です。セカンドオピニオンをとることを嫌がるような医師はやめたほうがいい、と断言できます。

ただ、最近増えているのは、次から次へと違う医師に尋ねる「セカンドオピニオン・ショッピング」「ドクター・ショッピング」です。がん哲学外来を訪れる人のなかにもいます。

話を聞いてみると、どの医師にも同じような説明を受けていることが多く、がんを直したい患者の気持ちは収まらず、波立ったままです。こうしたケースは、医師への不信感が原因のひとつになっています。

あの人は偉い先生で、治療の腕も素晴らしいと思っていても、その先生とコミュニケーションがとれていない患者は少なくありません。確かに医師は忙しいので、3分間しか時間がとれないなら、その間、純度の高い専門性できちんと診察することが大前提です。診断が中途半端だったら、患者がその後、迷惑します。

実は、病院や医師が変わったとしても、治療方針が大きく変わることはそれほどないのです。現在は、個々の医師の経験や権威者の意見にもとづく治療法をできるだけ排除して、世界中の臨床研究データである「エビデンス」にもとづいた医療を提供する流れになっています。誤診のケースは別として、エビデンスにもとづく医療では標準的な治療法が決まっており、病院による差はあまりないのです。

ですから、信頼できる病院の治療方針は信頼していい、というのが基本です。医師の説明を理解し、納得したうえで治療方針を決めたら、あとは主治医を信頼して任せることができるはずです。

相手をまず信頼してみる。信頼関係は、そこから築かれます。

ドクター・ショッピングの問題点は、病院をさまようことで「適時診断」「的確治療」のタイミングを逃してしまうことです。

適時診断は、早期発見につながります。早期でなく転移していても、深達の度合いなど、ある段階までにがんを見つければ治すことができます。適時はその人その人にあるのです。病理学的に早期でなくても、その人にとっての適時に発見すれば治療できます。また、的確治療は、正しく治療するということです。標準的な治療以外に、純度の低いものなど治療方法はいろいろあります。きちんとした治療を受けるためには、患者が自分のがんに向きあって治療方法に関心を持っていることが大切です。

治療は、自分が納得して受けないと、後悔します。昔は医師に「こうしなさい」と言われた通りに治療を受けていましたが、いまはインターネットなどで選択肢を調べることができます。どれがいいかをある程度知ったうえで医師の説明を聴き、決断してほしいと思います。

「解決」しなくても「解消」することはできる

患者が医師を訪ね歩くのは、医師への不信感よりもっと深いところに、がんに対する強い恐怖や不安があるからです。がんのことが頭から離れないという人も少なくありませんが、がんが体の中からなくならない限り、その恐怖は完全になくすことはできません。

しかし、問題が「解決」しなくても、「解消」することはできます。

悩みは解決しなくても、悩みを問わなくなるのが解消です。がんに気を向ける時間をなるべく減らす。そのためには、本に没頭する、趣味に打ち込む、社会の中で役割を見つけて打ち込む。そんなことがひとつできれば、関心はどんどん広がっていくものです。そして、がんの恐怖にとらわれている状態を解消できます。

医師との信頼関係ができたら、今度は自身の心の不安を解消する。心の解消とは、要するに、これまでに何度か強調してきた心構えをどうつくるか、ということなのです。

第2章

がん細胞の不思議。

死者と向きあいいのちの意味を探る

わたしたちは、がんとどう向きあえばいいのでしょうか。

それを考えるとき、人を死に追いやろうとする「内なる敵」であるがん細胞の正体を知っておくことが欠かせません。

わたしは病理学者としてがん細胞の研究を始めて、もう40年になります。

生まれは出雲大社に近い島根県の鵜峠《うど》（現・出雲市）という小さな村でした。現在は人口40人ほどの無医村で、空き家率は約60％にのぼります。わたしが発熱すると、いつも母親がおんぶして暗いトンネルを抜け、隣村の診療所まで運んでくれました。ですから、医師を目指したのは早く、3歳の時から「医者になる」と言っていたそうです。

しかし、島根生まれで出雲弁でしたから、人と話すのが好きではなかった。臨床医は患者と話しますが、病理医は黙って顕微鏡をのぞき、病理診断したり病理解剖したりするので、生きた人間をあまり見ることがない。これが病理学の世界に入った理由です。つまり、死者と向きあうことの多い孤独な道を選んだのです。

病理医は、手術中に診断室に送られてくる細胞が患者との初めての出会いになります。その場で組織の標本をつくって顕微鏡で細かく観察します。病理診断にかける時間は約30秒。細胞を観察して、がん細胞かどうか、がんなら細胞の種類や進行度を速やかに診断し、手術室の外科医に伝えます。手術後、病理診断をもとに外科医が切除した細胞が届けられるので、再度、病理診断します。

一方、病理解剖というのは、亡くなった患者さんのご家族の許可を得て解剖し、病理的に死因を究明する仕事です。生命のむなしさをかみしめる日常にいたからこそ、いのちの本当の意味を探り始めたのだと思います。

病理医の仕事と同時に、病理学者として発がんのメカニズムを研究してきました。

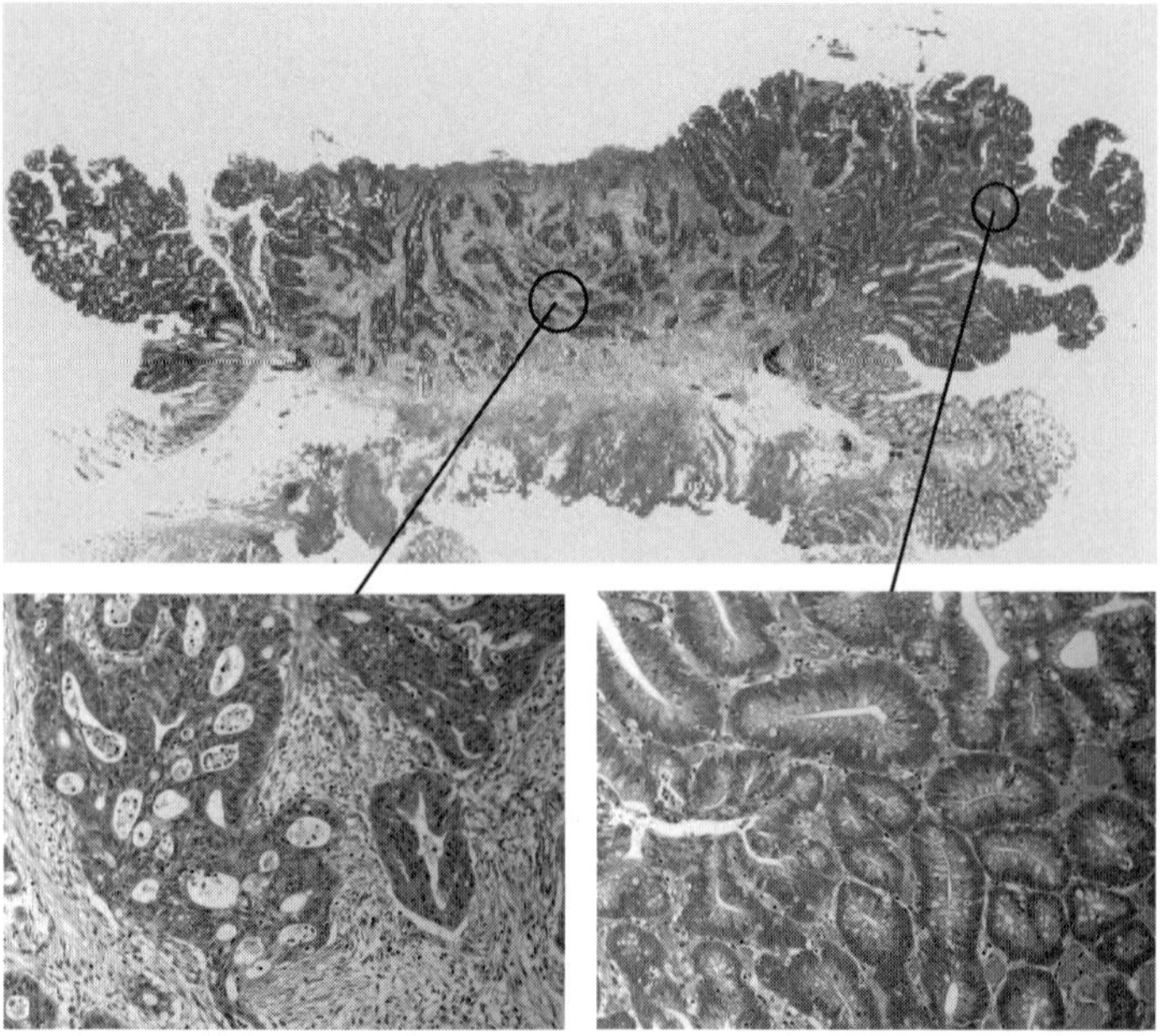

浸潤性大腸がんの部分　　大腸腺腫の部分

病理学は形態学です。細胞はがん化すると、形態が変わってきます。要するに顔つき、風貌が悪くなります。

がんを見たことはあるでしょうか。**上の写真**は大腸がんです。正常の粘膜、前がん病変の腺腫、そしてがん化した細胞が写っています。大小の不同や形の乱れを「細胞異型」といい、腺管の融合など組織構造の乱れを「構造異型」といいます。がんは、正常な細胞と細胞異型や構造異型との形態の隔たり具合から診断します。

がん細胞を見続けてきたわたしは、人の風貌を見るときには、その人の心まで読もうとします。悩みがあるかどうか、人生に疲れているかどうか。静かな表情でも不安が浮かんでいる人もいれば、悲しみの中に諦観をたたえている人もいます。

がん哲学外来を訪れた患者さんの風貌から心をよく読むと、どんな言葉を伝えればいいかわかります。顔立ちは、持って生まれたものだから変えられませんが、顔つきは、伝えた言葉が心にひびけば、一夜にして変わります。

がん細胞で起こることは人間社会でも起こる

病理学は、臨床と基礎の橋渡しですから、俯瞰《ふかん》的に物事を見る大局観が必要です。がん細胞の説明をする前に、わたしが病理学の研究を通して学んだことについて、もう少しお話しします。

医師になってすぐ、癌研究所の病理部に入ると、研究所長は菅野晴夫先生（1925―2016）でした。癌病理学を究めた菅野先生は広々とした人物で、この人に出会ったから病理学に深入りできたといえます。

菅野先生からは、「悠々とした病理学」という言葉を学びました。悠々とした、というのは、マクロからミクロ、空の上から道路を走る車を見る視点です。森を見て木の皮まで見るということです。菅野先生は、「悠々」をこう説明しています。

1　自分の研究に自信があって、世の流行《はや》り廃《すた》りに一喜一憂せず、研究費をとろうとか、ポジションをとろうとかあくせくしない。

2　軽やかに、そしてものを楽しむ。

3　学には限りがないことをよく知っていて、新しいことにも、自分の知らないことにも謙虚で、常に前に向かって努力する。

この菅野先生の勧めで、アメリカ・フィラデルフィアにあるフォックスチェイスがんセンターに留学して出会ったのが、クヌドソン博士（1922－2016）です。クヌドソン博士は病理学者でなく小児科医ですが、遺伝性がんのメカニズムを解析し、細胞の増殖を抑える「がん抑制遺伝子」という新しい概念を示す功績を挙げ、がん遺伝学の父と言われています。

クヌドソン博士から学んだ姿勢も、俯瞰ということに通じます。「大元はひとつであり、大元は多岐に分かれる。抹消の一つ一つを追いかけていっても、大元を見失えば、いたずらに疲れるばかり。根本に目を据える必要がある」と、科学的精神のあるべき姿を教えてくれました。

いろいろな研究発表があったとしても、成果として6か月残るような大切なものは少ないから、あとのことは放っておけ、気にするな、ということです。

菅野先生にしてもクヌドソン博士にしても、ひとつの分野を極めた人物は、俯瞰的な大局観を持っています。そのことを痛感しました。

そしてもう一人、菅野先生の恩師で日本を代表するがん病理学者の吉田富三（＊5）（1903―1973）にも、その業績を研究する中で大きな影響を受けました。吉田富三は、自分のオリジナルで流行をつくれ、というのが信条で、肝臓がんを人工的につくることに世界で初めて成功し、がん化学療法の道を切り拓いた人物です。

こんな言葉を残しています。

「電子計算機時代だ、宇宙時代だといってみても、人間の身体のできと、その心情の動きとは、昔も今も変わってはいないのである。超近代的で合理的といわれる人でも、病気になって自分の死を考えさせられる時になると、太古の人間にかえる。その医師に訴え、医師を見つめる目つきは、超近代的でも合理的でもなくなる。静かで、淋しく、哀れな、昔ながらの一個の人間にかえるのである。その時の救いは、頼りになる良医が側にいてくれることである」

この言葉は、病気と人間の本質を見事にとらえています。

また、発がん研究者の目的については、「人のからだに巣食ったがん細胞を取り除き、その人の死期を再び未確定の彼方に追いやり、死を忘却させる方法を成就すること」と定義しています。さらに、東大生に対して「がん細胞は増殖して仲間が増えると、周囲の組織からのコントロールを脱し、悪性細胞としての行動をとるようになる」と語るなど、気骨を持ってがん細胞生物学という分野に挑みました。

吉田富三は、顕微鏡を考える道具に使った最初の思想家だと思います。著作を調べる中で、わたしは彼の思想をこう理解しました。

がん細胞で起こることは、人間社会でも起こる――。

この吉田富三の思想と、学生時代に読み漁《あさ》った政治学者・南原繁の政治哲学、幼い頃に母と通った小さな診療所のイメージが重なりあい、わたしを大学の外での「がん哲学外来」の開設に向かわせたのです。

「がん哲学外来」は、生きることの根源的な意味を考えようとする患者と、がん細胞の発生と成長に哲学的な意味を見いだそうとする病理学者の対話の場、でもあるのです。

1個の細胞と1人の人間が生命と地球を救える

本題です。がんはどんな病気で、どうして起こるのでしょうか。それを知るために、がん細胞とはどんなものなのか説明します。

まずは理科のおさらいです。人の体は、約60兆個の細胞からなり、一つ一つの細胞の中に核が入っています。核の中には46本の染色体があり、その染色体をほどいていくと、ひも状のらせん構造をしたＤＮＡが現れます。ＤＮＡのうち、遺伝情報を伝える部分を遺伝子、と呼びます。

遺伝子とDNAの在り処

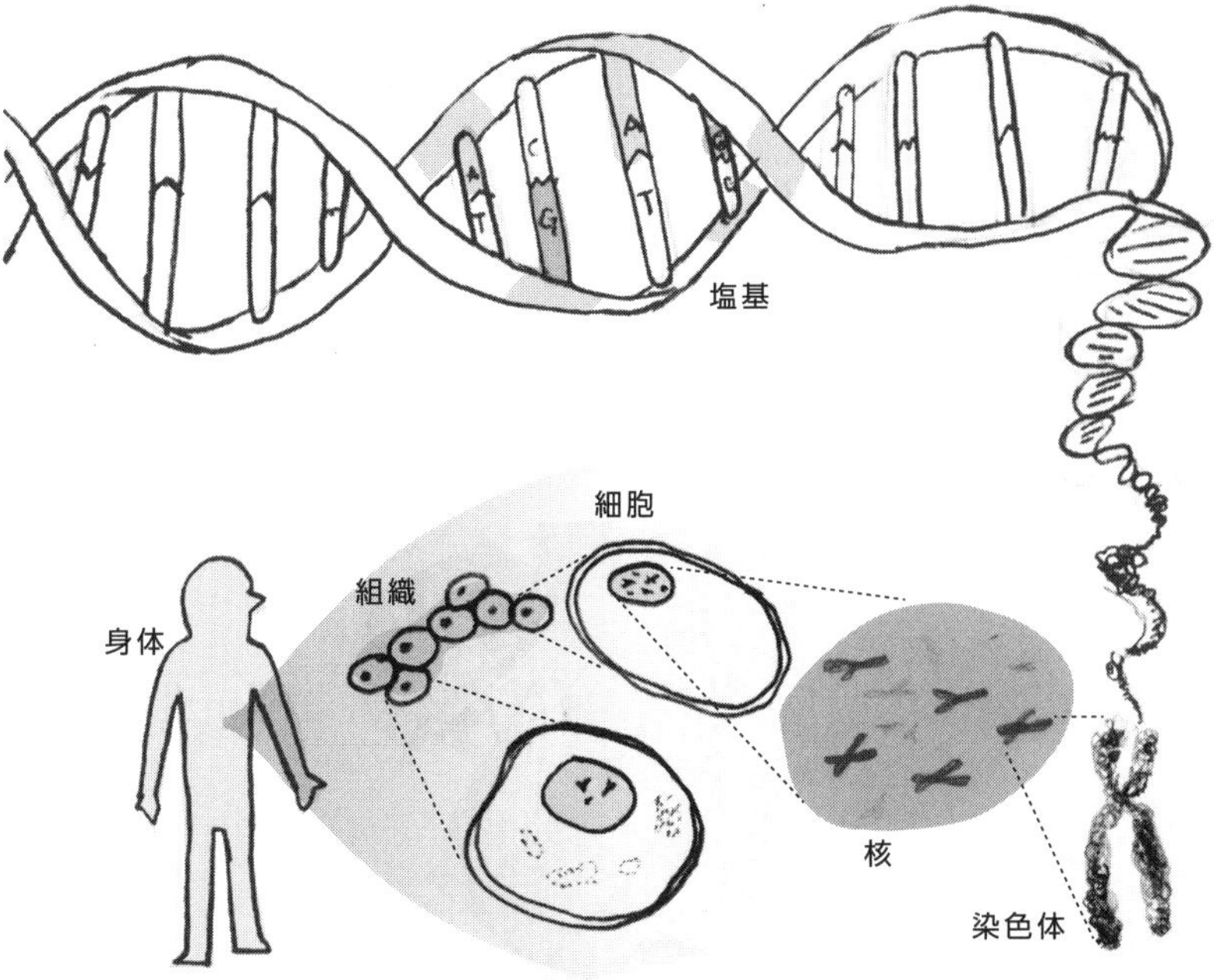

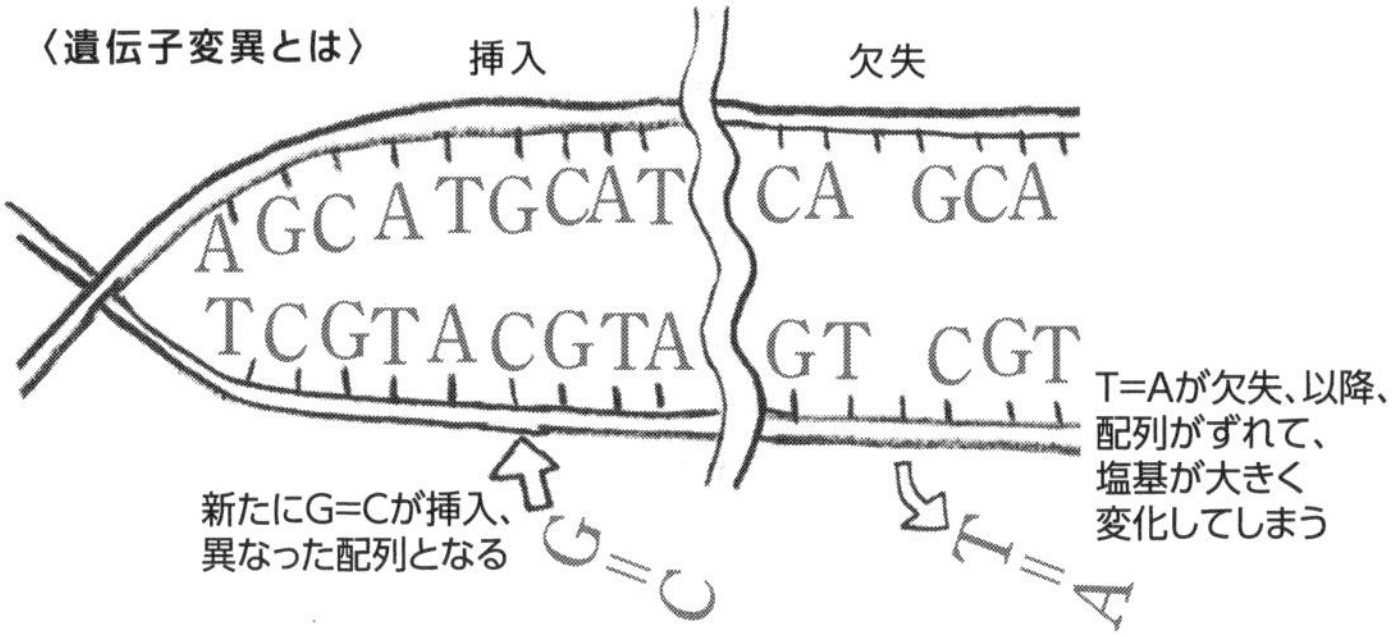

がんは、この遺伝子の変異から起こる病気です。

遺伝子は、塩基の組み合わせで遺伝情報を伝えます。塩基には4種類あり、うち3種類の組み合わせで様々なアミノ酸を作ります。そのアミノ酸をさらに組み合わせて、細胞をはじめとする様々なたんぱく質ができます。

この遺伝子に突然変異が起こり、余計な塩基が挿入したり、本来の塩基が欠失したりして塩基配列が変わると、それに伴ってアミノ酸も変わり、たんぱく質も変異するのです。これが、細胞のがん化への一歩です。

1個の細胞を地球の大きさに例えると、染色体が国の大きさで、遺伝子は町の大きさ、塩基が人間1人の大きさ、ということになります。たった1個の塩基で細胞はがん化する。とすると、1人の人間が地球をがん化させる恐れがある。逆に言えば、遺伝子治療で1個の塩基を治せば細胞を救うことができますから、1人の人間で地球を救える、とも連想できます。

1人の人間の力をあなどるな、仲間がいようがいまいが関係ない。1人で何かをやろうと思えば地球は動く——。これが、正常細胞からがん細胞、がん細胞から人間社会を考える連想です。

細胞が突然変異するメカニズムは、アダムとイブの話にも例えることができます。

聖書の「創世記」によると、エデンの園にいたアダムとイブは、ヘビの誘惑に負け、生命の木の実でなく、食べるなかれと言われていた善悪の知識の木の実を食べたために、エデンの園を追放されました。アダムとイブは、ヘビの誘惑に対して、イエス、ノーでなく、神の言葉に付加と削除をつけた形で応じたので、ヘビに付け込まれた。そのことが追放につながったと言えます。

突然変異も、遺伝子の塩基配列の一部に挿入や欠失があると起こります。発がんプロセスのスタートが創世記の物語と符合していることに驚きます。

がんを治すには、ヘビの頭をかかとでつぶす、ということになります。それは、がん細胞を外から刺激する分子を発見してがん細胞をたたく、ということです。発見すれば、がんの治る時代が到来します。しかし、人類はまだ、その分子をどこにも発見できていません。

正常細胞ががん化するのは、細胞を増殖させる役割の「がん遺伝子」か、細胞増殖を止める役割の「がん抑制遺伝子」が突然変異で傷つくのが原因です。もうひとつ、ＤＮＡの修復酵素など遺伝子そのものの異常でがん化するケースもあります。

普段はアクセルとブレーキの機能がうまく共生して機能していますが、「がん遺伝子」が傷つくとアクセルの踏み過ぎになり、「がん抑制遺伝子」が傷つくと、ブレーキ故障の状態になる。または、ＤＮＡの整備不良によって車が暴走する。これが、がん細胞が増殖するイメージです。

人の自律神経にも、機能を活性化させる「交感神経」と、抑制する「副交感神経」があってバランスを取っているように、遺伝子も「がん遺伝子」と「がん抑制遺伝子」という相異なる作用を兼ね備えているのです。生命現象が相反するふたつを共存させることで健全さを保っていることは、大変示唆に富みます。

異なるものと共存する楕円の発想を持つ

キリスト教思想家の内村鑑三に次の言葉があります。

「真理は円形にあらず、楕円形である。一個の中心の周囲に描かれるべきものにあらずして、二個の中心の周囲に描かれるべきものである。あたかも地球その他の遊星の軌道のごとく、一個の太陽の周囲に運転するにかかわらず、中心は二個ありて、その形は円形にあらずして楕円形である。（中略）人は何事によらず円満と称して円形を要求するが、天然は人の要求に応ぜずして楕円形を採るはふしぎである。（中略）真理もまた二元的であって、円満に解決し得るものでない。患難の坩堝《るつぼ》の内に燃え尽くす火に鍛えられて初めて実得し得るものである」

（『聖書之研究』より）

つまり、価値を絶対的に一元化するのでなく、複数の価値を相対的に認めることが真理に近づく道であり、健全さを保つ道、ということです。

がんになった時、健康で元気に働くことだけをよしとする「同心円」の発想では、仕事を休んで治療を始めることをなかなか受け入れられず、苦しむことになります。しかし、「楕円」の発想があれば、がんになって働けなくなったことを悔やみながらも、もうひとつの価値観でがんを受け入れ、別のことに目を向ける余裕を持てるのではないでしょうか。

楕円形とは共存の思想です。人生にはいいことも悪いこともあると、異なるものを排除せずに受け入れる。学校では、仲良しグループだけで同心円になると、3年後には「がん化」するかもしれません。企業では、社長の周りにイエスマンばかりを置くのはだめ、ということです。

自分とは異なる人間の存在を認め、緊張感のうえにバランスをとることが大切です。

がん細胞は ギブ・アンド・テイクの実践者

それでは、1個の細胞の遺伝子変異からスタートしたがん化は、どのように進んでいくのでしょうか。

早期のがんは約1センチで、0・5センチでも見つけられるようになりました。1センチのがんは、ほぼ完治できる。細胞1個の大きさは20ミクロンですので、1センチのがんは10億個のがん細胞でできていることになります。ここまでに5年から10年かかります。立派な臨床がんになるには20年かかるといわれます。つまり、40歳でがんとわかったとすると、芽は20歳ぐらいの時、すでにあったことになります。

また、1000個のがんの芽があったとしても、大成するのはせいぜい1個です。大きくなるには、それなりの境遇が必要なのです。これを「がん性化境遇」

といいます。遺伝子の変異は同じでも、境遇次第で一方は立派ながんになり、もう一方はがんにならない。遺伝子に異常があることと、病気を発症することは違うのです。

では、1000分の1個のがんの芽は、どうやって生き残ったのかです。

その方策は、「尺取虫」に例えられます。進む姿が、親指と人差し指で長さを測る動作に似ていることから、そう名付けられた蛾の幼虫です。

国立がんセンター総長を務めた中原和郎博士（1896―1976）は、次のように指摘しました。

「自分のオリジナル・ポイントを固めてから後ろの吸盤を前に動かし、そこで固定して、前部の足を前に進める。かくていつも自分のオリジナリティーを失わないで済む」

中国の古典にも、「尺取虫がかがむのは、大きく前進するため」とあります。

がん細胞もまさに同じ知恵を持っているのです。

がん化した細胞は、最初はまだもろいため、ストレス状態から身を守り、次の変化が起こる状況を待ちながら少しずつ成長していきます。わたしはこの状態を「アンテナ型」と名付けました。まだひとり歩きできず、周りの正常細胞から大きくなる技術を教えてもらっている状態です。刺激を受け取るレセプターが発達しており、アンテナを張って情報を集めている段階で、まだ怖くありません。

それがいつしか、自分の意思で動く「羅針盤型」となります。がん細胞に遺伝子異常が加わり、浸潤や転移の力をつけたと考えられます。

近年、社会では「アンテナ型」の人間が増えているような気がします。自分の座標軸を持たず、周りの人間が考えていることばかり気にする。上司の考えを忖度することで自分の身を守ろうとする。そうではなく、自分の考えをしっかり持ち、自分で進む方向を決める「羅針盤型」を目指してほしい――。これが、発がん研究者からのメッセージです。

次に、がんが転移するメカニズムを紹介します。

がん細胞は自分のすみかを離れ、血管の中に入ったりして転移を始めます。正常細胞は、自分のすみかを離れると死にますが、がん細胞は、すみかを離れても死なない。それは飢餓に強いからです。

細胞が生きるための栄養素として、細胞内では作れない物質があります。がん細胞は正常細胞と違い、まるで水車のように、自分のアミノ酸を放出することでその物質を外から取り込むことができるのです。正常細胞と比べて栄養が約5分の1程度の濃度でも、それを感知する能力もあります。ですから、すみかを離れて転移できるのです。

自分の内にあるものを外に出すから、外から取り入れることができる。がん細胞は、ギブ・アンド・テイクの実践者です。人間社会でも、自分が人のために動けば、何かが返ってきます。令和となり、成熟期にあるこの時代、大学も企業も医学界も政界も、自らの利益や打算だけを考えるのでなく、犠牲を伴う真の社会貢献が求められていると感じます。がん細胞を見習いたいものです。

不良息子のように存在をただ受け入れる

最後に、治療方法について触れておきます。

がんの治療は、がん細胞を殺すことばかりではありません。手術はがんを切り取ることです。放射線もがん細胞を殺す、化学療法の抗がん剤もおおむねがん細胞を殺す。しかし、異常な分子だけに作用する分子標的治療薬は、がん細胞を大きくしないことを狙って使用します。がんの芽はなかなかつぶせないので、肥大化を防ぐという治療です。

このほか、ノーベル賞の医学生理学賞を受賞した京都大学・本庶佑特別教授のチームが開発した「オプジーボ」などの免疫チェックポイント阻害薬は、がん細胞が免疫から逃れて生き延びようとするのを阻止するもので、実用化が始まっています。

近年、注目されているのが、がんゲノム医療です。ゲノム編集技術の進展は目まぐるしく、将来、かなり普及するのではないでしょうか。これは、がん細胞のＤＮＡを網羅的に遺伝子解析し、遺伝子変異の違いによって一人一人にふさわしい治療薬を選択する、というものです。

手術、放射線、化学療法の標準治療が当てはまらないがんや、標準治療で治せなかったケースを対象に始まっています。しかし、遺伝子変異の特徴がわかっても、その人に合う薬が簡単に見つからず、実際に治療に到達する人は全体の２割弱です。それでも、薬が見つかれば、効く人にはよく効きます。

このように、治療方法の研究は止むことなく、その選択肢は増え続けています。

治療しても転移が続き、がん細胞をなくすことができなければ、がんとの共存を目指すことになります。その場合、がん細胞をいかにおとなしくするかが大切です。

治せないがん細胞を「不良息子」に例えることがあります。

学校で下級生を脅す、酒ばかり飲んで暴れる。こんな息子がいれば、時に強く叱って更生させようとするでしょう。しかし、反発をあおるだけで往々にして行動は改まらない。親のコントロールが効かなくなり、さらに暴走を続けたらどうしますか。

そうなっても、身内であることを消すことはできませんから、家族は不良息子と共存するしかありません。ただ存在を認める、のです。そして、どうして不良になったのか、その原因を客観的に分析してみると、親の対応の間違いも見えてきます。そのうえで理解しようとする姿勢を示せば、不良息子の素行が少し落ち着いてくることがあります。

がんも、なかったことにはできないのですから、体内にあることをそのまま認めるのです。認めてしまえば、ことさら恐怖におびえたり、いたずらに抵抗したりせず、自然体でがんと向きあえるのではないでしょうか。

がん細胞も不良息子も、共存するコツは客観的な視点を持つことです。

がんの特性を知れば向きあう余裕が生まれる

がんと共存する社会を実現するために欠かせないのが「緩和ケア」です。緩和ケアは従来、終末期医療と混同され、痛みを和らげるだけの対処療法と受けとめられていました。しかし今は、患者の肉体的苦痛だけでなく精神的な苦痛も和らげ、より豊かな人生を送れるように支えるために、がん告知と同時に始める重要な医療部門、との認識が定着しつつあります。いわゆるクオリティー・オブ・ライフ（QOL・生活の質）を改善するアプローチです。

医師や看護師、薬剤師は、がんと診断した瞬間から、患者に緩和ケアを始めなければなりません。しかし、現在の医学教育は患者との対話の方法などをあまり教えておらず、精神的な面での緩和ケアはなお不十分です。充実が急務といえます。

がん細胞とはどんな細胞で、どんなメカニズムで増殖や転移を繰り返すのか、病理学的に見てきました。浮かんできたのは、したたかで、たくましい姿です。そして、その姿は人間社会を生きるうえで大切な姿勢をも思い起こさせてくれます。

顕微鏡のなかの世界と地球の世界を比較し、正常細胞ががん化するメカニズムを社会現象に例える――。これが、がん哲学のメソッドです。がん細胞で起こることは人間社会でも起こり、人間社会で起こることはがん細胞でも起こる。この不思議な相似性に気づくと、がんに対する見方も変わってきます。

内なる敵、がんを恐れるばかりでなく、鳥の目で俯瞰し、その特性を知ると、がんに向きあう余裕が生まれてくるはずです。

第3章

大切な人に寄り添う。

冷たい親族に悩み
温かい他人を求める

親や身近な人ががんになったら、その人のためにどんなことをしてあげられるでしょうか。この章では、苦しむ人の周りで暮らす子どもや家族はどう寄り添えばいいのかを考えます。

がんと向きあう母親をもう1人紹介します。

彦田かな子さんは、夫と子ども3人の5人家族。名古屋市で「シャチホコ記念がん哲学外来メディカル・カフェ」を開いています。乳がんになった後、長女を連れて、東京で開いたわたしの講演を聴きに来ました。とても明るい人柄ですが、その時は思いつめた表情を浮かべ、自分がなぜがんになったのかと悩んでいました。

当時をこう振り返ります。

夫は終始、冷静に見えました。医師の言葉に一喜一憂するわたしに、「先生の言葉尻をとってあれこれ言うより、言われたことをきちんと理解する努力をした方がいい」と言ってみたり、「この先、あなたがどう生きていくかが問われているんじゃないか」と言ったりしました。どの意見も正論なのですが、自分ががんであると認めきれていないわたしには、ものすごく冷たく感じました。

夫として、かな子さんを懸命に支えようとする気持ちがあふれた言葉なのですが、「あなたにわたしの気持ちがわかるの」と反発する気持ちを招いてしまったようです。実は、がん哲学外来を訪れる患者さんの多くが、家族の発した言葉、冷めている言葉に心を乱されて苦しむ経験をしています。冷たい親族に悩み、温かい他人を求めています。

がんになると、いままで気にならなかったひとことにも敏感になり、不安や怒りの感情がふくらみやすくなります。医師の説明は、エビデンスにもとづいた治療方法や確率の話なので、冷たくひびきます。家族の励ましや慰めの言葉も、不安の深さを理解してくれていないという失望につながることがあります。家族の側が懸命に支えようとしていても、患者の側が傷つくことがあるのです。
では、かな子さんの子どもたちは、どう接していたのでしょう。

子どもたちは、いつも通りケンカしたり、大はしゃぎしたり、学校への持ち物を忘れたりしていました。必要以上に手伝いをするわけでもなく、まるで具合の悪いわたしが目に入っていないようでした。しかし、そんな風にがんになる前と変わらない日常を過ごしてくれることは、わたしのがんが子どもたちに悪影響を与えていないと感じることができ、救われたのです。

かな子さんは、子どもたちの以前と変わらない姿勢に元気づけられています。長男の彦田栄和《えいと》さんが母親のがんを知ったのは、小学6年生の時でした。栄和さんは中学2年生の時、幼なじみが小児がんになったことをきっかけに、その同級生らとメディアカル・カフェ「どあらっこ」を名古屋市で立ち上げています。母親ががんになった経験もきっと、立ち上げを後押ししたのでしょう。栄和さんに、母親のがんをどう受けとめ、どう接したかを尋ねました。

妹と弟は泣いたりしてとても動揺していましたが、僕はあまり深く考えていませんでした。名前くらいしか知らない遠い病気でした。母の体調の悪い姿を見て、少し心が痛んだのを覚えています。

母がいつも通り接してくれるため、僕たち家族もいつも通り接することを心がけました。家族に気を遣わせていると感じさせてしまうと、逆に生活しづらくなると思います。皿洗いなどのお手伝いをすることも大切ですが、母がギャグを言ったらそれに乗っかるといったような、何気ない会話も大切にしました。

気負いは見せず、しかし精一杯の配慮を尽くして母親に接している、あたたかい光景が浮かんできます。

寄り添うだけで特に何もしないけれど、嫌な顔もしない。全力を尽くして、心のなかでそっと心配する。病気はいろんな個性のうちのひとつ、がんも単なる個性にすぎません。特別扱いせずに、普段通り接することが大切だということがわかります。何も解決できなくても、困っている人と一緒に困ることができる人になる、ということです。ですから、子どもたちにはいつも、「犬のおまわりさんのようになって」と伝えています。

寄り添うことと支えること

がん教育の授業や講演で、いつもお見せする1枚の写真があります。大きなゾウが後ろ足をたたんで座る背中に、小さな女の子が手を回して頬を寄せている光景です。

小さな女の子に、巨大なゾウを「支える」ことはできません。しかし、「寄り添う」ことは女の子にもできます。寄り添うというのは、横から手を差しのべることです。動物と人間なので言葉は通じませんが、それでも、心と心はつながっているように見える。このゾウの写真を見て癒されるのは、寄り添うことが言葉以上に深い信頼を培っている、と感じさせるからではないでしょうか。

一方、支えるというのは、相手の生活の面倒を見る、相手のために何かをしなければいけない、などです。支えが必要なこともありますが、支えることは、ときに「迷惑をかけているのではないか」と相手を心苦しくします。支えられていると思うと、自分の存在価値が薄まり、生きる意味があるのかとマイナス思考になるかもしれません。

がん患者の家族には、寄り添うことと、支えることの両方が必要です。発症した母親の代わりに、家の掃除や料理をすることは寄り添うことです。しかし、体調が急変すれば、背負ってでも病院に連れて行き、必要な治療を受けさせなければいけません。これは支えることです。その時その時に応じて、寄り添う姿勢と支える姿勢を使い分ける。いつも全力で支える姿勢でいたら、患者も家族も疲れてしまうでしょう。

寄り添うことは、想像以上に患者の力になっているのです。

長男栄和さんの話の中に、「母がいつも通り接してくれるため、僕たち家族もいつも通り接することを心がけました」とある部分は重要です。このことは、母親の穏やかな姿勢があって初めて、子どもたち家族の自然な寄り添い方が生まれたことを示しているからです。

がんになった側も、悲壮感に包まれていては子どもが話しかけづらくなることを忘れないでほしいと思います。自分の態度で、周りとの人間関係も変わります。ずっとつらい表情をしていると、子どもは次第に距離を置くようになり、同じ部屋にいなくなってしまう。

親の顔が見えるところに子どもが一緒にいない。これがいま、日本の多くの家庭で起きていることです。親と子が一緒にテレビを見たり食事したりして過ごすことができないのは、悲しいことです。患者も家族も、同じ部屋にいてお互いが苦痛にならない人間になることが大切です。

もうひとつ、母親ががんと知った時の栄和さん兄弟3人の反応が印象的です。悲壮感を抱く妹、弟と、あまり落ち込まない栄和さん。違いが生まれる要因としては、家庭や学校での人間関係の作り方や、がんに関する知識の深さ、子どもたち自身の感受性の差など、いろいろ考えられます。ショックは、親への依存度が強いほど大きく、友達関係が広いほど緩和されるのかもしれません。知識については、がんを怖いものと認識しているか治るものと捉えているか、または知らないかによって差が出るでしょう。

いずれにしろ、子どもによって親のがんに対する反応に違いが出ることは、自然でいいことだと思います。家族の中で、悩んでいる子もいれば、明るさを失わない子もいる。多様な反応があった方が、全員が同じように思い詰めているよりも、雰囲気を明るく変えるきっかけをつかみやすいのではないでしょうか。

親から子へ がんを伝える覚悟

親子の関係で悩ましい問題が、親のがんを子どもにどう伝えるかです。

親ががんになることは、家族全員が不安を引き受けることです。親自身の人生はもちろんですが、子どもの人生にとっても重大事ですから、一番身近な親から直接、子どもに伝えるべきだと思います。一緒に暮らしている子どもはある程度、親の病気のことに気づいています。黙っていたとしても、いずれは知ることになるでしょう。子どもが突然、第三者から事実だけを放り投げるように伝えられたら、大きな衝撃を受けてしまいます。

かな子さんは、躊躇《ちゅうちょ》しながらも、栄和さんたちに自分のがんを伝えることを選んでいます。

子どもたちには、膝を突き合わせてがんを説明するつもりはなかったのです。でも、手術で左胸がなくなれば、毎日一緒にお風呂に入っている下の子ども達は驚くだろうし、抗がん剤治療で脱毛すれば、隠しきれるものでもありません。ショックを受けることが予想できたので必要に迫られて伝えた、という感じです。

いま思えば、そんな風に一つ一つの現実を子どもたちに説明することで、自分ががんであることを徐々に受け入れていったように思います。

治療で変わる自分の姿を想像することはつらいことです。それでも、子どもたちを驚かせないために事前に説明したのは、子どものことを思った勇気ある選択です。そして、かな子さんはいま、子どもたちに対して、母ががんだからこそ感じる気持ちや経験を活かして、社会の役に立てる人になってほしい、と伝えているそうです。これはまさしく、家庭でのがん教育の実践です。

母から説明を受けた栄和さんは、どう受けとめたのでしょうか。

メディカル・カフェの活動の中で、あるお母さんが「子どもにがんのことを伝えたらどう思うか考えると、なかなか言い出せない」と話すのを聞きました。僕の母もそのような不安を感じたのではないかと思います。不安があったにも関わらず、自身の病気の状態を伝えてくれた母に感謝しています。正直に伝えてくれたからこそ、家族皆でがんばっていこうと思うことができました。

病気のことを伝えてくれたからこそ、家族でがんに立ち向かうことができた、という子どもの側からの証言は貴重です。子どもは、親が考えるよりもずっと敏感で、精神的に自立しています。がんであると教えてくれた真意をくみ取ろうとし、そして理解するのです。

ただ、親ががんであるというのは、子どもにとって拭い去ることのできない重たい現実ですので、最初はネガティブな心情に支配されるでしょう。ふさぎ込んだり、勉強が手につかなくなったりするかもしれません。親は、そのすべてを受けとめる覚悟をすることが必要です。そして、時には不安でたまらない親の心情を隠さずに見せ、同じ壁の前に並んで立っていると伝えることをお勧めします。

親のがんを子どもに伝える時、注意したいことは、子どもによってがんへの理解度にばらつきがあることです。がんの進行度を伝えるのは難しく、「ステージは4期で、もう治療法がない」とまで説明するかどうか。

どこまで伝えるかは、子どもにすでに伝えてある病気の情報と、一人一人の子どもの理解度や受容力を照らし合わせ、根拠のない不安を和らげることにつながるかどうかで判断してはいかがでしょうか。

何かをなす前に何かであることの価値

終戦直後に東大総長を務めた政治学者、南原繁の著作を若い頃に読んでいて、こんな文章に出会いました。

「何かをなす（to do）の前に、何かである（to be）ということをまず考えよ。それが先生の一番大事な教えであったと思います」

先生とは、国際連盟事務次長も務めた新渡戸稲造のことです。南原は、新渡戸が旧制第一高等学校の校長だったときの学生でした。新渡戸のことを「明治、大正、昭和を通じて、これほど深い教養を持った先生はなかったと言ってよい」と語っています。

「to do」は何かをすること、「to be」は存在自体に価値があることです。新渡戸は、人は何かをやらなくても、存在自体に価値があるのだと指摘したのです。新渡戸が病室を見舞う姿は、少し変わっていたそうです。寝ている患者の枕元に座り、黙って本を読んでいる。相手の負担になることはしない。ただそばにいて、あなたのことをいつも気にしています、というメッセージを伝えたのです。見舞われた側にとっては、何かをしてくれることではなく、その人がいてくれることが癒しにつながる、ということではないでしょうか。

いのちは与えられたもので、既得の所有物ではないのだから、無用な価値判断をしてはいけない。たとえ自分の意に添わない人でも、その人を容認して存在を受け入れる。新渡戸は、そんな共存の精神を漂わせていたのだと思います。

わたしが生まれた鵜峠の小さな村では、母親をはじめとする大人たちがみんな、まるで新渡戸のように、絶妙な距離感をもって子どもたちと接していました。

子どものころ、わたしは夕方になると海岸に行き、ひとりで石を投げたりして遊んでいました。近くの老人たちも夕涼みにきます。しかし、近づいて声をかけてくることはしません。おおよそ30メートルは離れている。それでも、わたしは老人たちの存在を感じ、見守られているという安心感に包まれていました。老人たちがもっと近づいて声をかけてきたら、少しわずらわしくなり、その場を離れていたかもしれません。

家族だけでなく近所の人もふくめて、村の大人たちには子どもを思う心がありました。いつも自分のことを気にかけくれている人がいる、というだけで、穏やかな気持ちを得ることができました。

わたしの父親は船乗りでしたので、家にはいつも母親がいました。小学校低学年のとき、母が怪我をした鳥を見つけ、面倒を見ていました。怪我が治って鳥を空に離した光景を覚えています。一年後、家の上を一羽の鳥が旋回して、羽根を落として飛び去った。わたしは、母親が面倒を見たあの鳥だと思いました。これが、母親から何か大切なことを教わった記憶です。

母親は、出しゃばらず、子どもが間違っていても認めるぐらいの信頼を寄せ、30メートル後ろから見守り続ける穏やかな人でした。

歳を重ねると、夫婦のどちらかが、がんになることが多くなります。その際、お互いの距離の取り方が大切です。定年後なら、時間はあっても現役時代より生活に余裕がなく、夫婦の関係はギクシャクしやすくなります。

妻ががんになったとき、長年支えてくれた妻を今度は自分が支えなければと、夫は決意します。ネットで病気の治療法を調べたり、病院に付き添ったり、ときには料理したりしますが、どう声をかけて励ませばいいのか、戸惑う人が多いようです。優しさをうまく表現することができない。

しかし、肝心なことは何をするかでなく、妻への思いを持って、そこに存在することです。to be の精神であり、30メートルの距離感です。

会話は言葉のやりとり 対話は心の交流

この章の最初に紹介した彦田かな子さんの場合、がんになって、自分の方から夫との関係を見つめ直したそうです。

夫とわたしはお互いひとりの時間を大事にしてきました、と言えばかっこいいですが、きちんと相手と向きあい、意見交換することを避けていたのです。

ですが、命の有限性を感じた瞬間から、いままでの人生の修正に入ったのです。

まずは、夫との風通しをよくしようと、ほんとうに少しずつ、希望や文句を会話に織り込むようにしました。すると、夫はその言葉を徐々に受け入れてくれたのです。どうせわかりあえない、と決めつけていたのは、自分自身だったと気づきました。

人生の修正を決意したというのは、たいしたものです。がんをきっかけに、かな子さん夫婦はお互いの思っていることを正直に伝えあい、人間関係を回復させていきます。がんになったのは、夫婦が理解しあうまさにこの時を迎えるためだった、と前向きにとらえれば、新しい関係を楽しめるのではないでしょうか。

コミュニケーションをとるうえで心がけたいのは、「会話」でなく「対話」をすることです。会話は言葉のやり取りですから、相手を直接励ましたり慰めたりできますが、思わず相手を傷つけたりもします。言葉は諸刃の剣なのです。一方、対話とは心と心の交流を指します。話しても話さなくても関係ありません。患者を思って寄り添い、お互いが苦痛でなければ成立します。

そばにいる。顔が見える距離で寄り添い、同じ時間を共有する。これが対話です。あなたがそばにいてくれるだけで、わたしはどんなことでも安らかに受け入れる、ということです。存在自体が周囲を暗くすることなく、顔が見える距離で一緒にいて、お互いが苦痛にならない関係が理想です。

暇げな風貌で偉大なるお節介を

がん患者は冷たい親族に悩んでいる、とお伝えしました。補足すると、妻ががんになった時に多い悩みは夫の冷たさです。夫は忙しく夜遅くまで仕事していて、自分のことをあまり思ってくれていないのでは、などと悩みます。逆に、夫ががんになった時は、妻の余計なお節介に悩むケースが目立ちます。これらはおそらく日本人特有です。

がんになった夫の体調を案じて、妻が消化のいいもの、栄養のあるものを次々に作り、「少しでも食べて」と勧めるケースがありました。しかし、夫は食欲がなく、食べてと言われることが苦痛でしかなくなった。食べたいのに食べられない夫の苦しみを、妻は考慮していなかったのです。これでは、自分の気持ちを押し付けるだけの余計なお節介です。

わたしは、どうせお節介をするなら「偉大なるお節介」を勧めています。偉大なるお節介のルールは、相手の必要に共感し、自分の気持ちで接しないということです。

がんになると、だれでも恐怖や不安にさいなまれ、子どもがいろいろ欲しがるように、自分中心の発想になりがちです。ですから、がん患者が求めているのは客観的な正論でなく、配慮です。家族には、患者の言うことが間違っていても認めるぐらいの度量があっていい。冷静に忠告すれば、さらに反発や失望を招きます。

偉大なるお節介を世に広めるため、わたしが「偉大なるお節介症候群」と診断した方々に、励ましの意味を込めて認定証を発行しています。これまでに大勢のメディカル・カフェのスタッフや学生たちに授与してきました。
この症候群の「診断基準」は三つあります。

暇げな風貌／偉大なるお節介／速効性と英断

「暇げな風貌」は、相手に話してもらうのに必要な条件です。忙しそうな人にはだれも話そうとはしません。脇を甘くして付け入る隙を与え、相手に懐の深さを示すのです。「偉大なお節介」は、相手の気持ちに寄り添った行動、「速効性と英断」は、よく考えてから取り組むのではなく、患者のためにいいと思ったらすぐ実行する姿勢、ということです。
この「偉大なるお節介症候群」には、さらに10項目の選考条件があります。この10項目は、患者に寄り添う際の心構えであるとともに、「小学生からのがん教育の心得10か条」でもあると考えていますので、逐次紹介します。

1　役割意識&使命感を持つ

人間はだれにでも、与えられた個性があり、役割がある。その役割を果たすことを心がける。役割を持てば使命感が生まれます。

2　練られた品性&綽々《しゃくしゃく》たる余裕

よい性格を育むこと、そして忙しいのでも暇でもなく、何事も余裕を持って受け入れる心構えを大切にしてほしい。

3　賢明な寛容さ

人が悪いことをした時に注意したとしても、その人のすべてを否定せず、存在を受容する寛容性をもってほしい。

4　実例と実行

実例があっても、それを本当に実行する人は少ないです。自分が言ったことを実行する人間になってほしい。

5　世の流行り廃りに一喜一憂せず、あくせくしない態度

長くは続かない流行りに惑わされないことです。

6　軽やかに、そしてものを楽しむ。自らの強みを基盤とする人間は、喜びがあると変わります。小さなことでも無邪気に喜び、大きな愛を込めてほしい。

7　新しいことにも知らないことにも謙虚で、常に前に向かって努力する一生懸命に前を向き、謙虚に学ぶ姿勢が必要です。

8　行いの美しい人（a person who does handsome）言葉だけではなく、行いも美しい人でいてほしい。

9　冗談を実現する担力～sense of humor の勧め～周りに冗談と受け取られても、本気で考えている計画ならば実行する底力を持っていてほしい。

10　ユーモアにあふれ、心優しく、俯瞰的な大局観のある人物ユーモアはyou moreでもあります。あなたがもっと人のためにと思えば、ユーモアがあふれてきます。そして、視点が広がります。

いかがでしょうか。実は、取り立てて奇抜な項目はないのです。「偉大なるお節介」とはつまり、立ち止まっている患者に注意を向け、その苦悩や気がかりに耳を傾けて共感することです。そして、患者に一歩踏み込んで対話し、患者の忘れかけていた自尊心をよみがえらせて、希望や欲求をすくいあげる行為です。

最後まで見捨てないのが家族です。家族が大切な人に寄り添っていると、必ずだれかが見ていて手助けしてくれます。すると人の輪が広がり、時間を豊かにすることにつながります。

子どもたちの悩みが教育の役割を照らす

この章の最後にもう一度、母親ががんになった彦田栄和さんの話に耳を傾けたいと思います。

がんという病気をあまり知らず、小学6年の時に母親のがんを知らされてもあまり動揺しなかった栄和さんですが、その後、中学校でメディカル・カフェを開いて友達の体験に触れるうちに、認識が変わります。

僕の友達でお母さんががんになり、悩んでいる子がいました。しかし周りの友達には話すことができなかったようです。あんまり心配されたくないという思いからかもしれません。学校でメディカル・カフェをしている僕には相談してくれましたが、多くの子がこの友達のように、だれにも相談できずに悩んでいるのだろうと感じました。そんな時に、子ども同士で不安を共有できる場があれば良いと思います。

栄和さんは、親ががんを告知されてショックを受けても、つらい気持ちを打ち明けられずに耐える生徒が少なからずいることに気づきました。立ち上げたメディカル・カフェは、こうした生徒たちの貴重な居場所になっています。親のがんをどう受け入れ、どのように接すればいいのか、子どもたち自身が集まって話せる場をつくったのは素晴らしいことです。

しかし、そのことは図らずも、がんに直面する子どもたちを支える態勢がまだ、学校現場で十分に整っていない現状を浮き彫りにするとともに、がん教育が担うべき役割のひとつを示しています。

郵便はがき

料金受取人払郵便

西陣局
承認
9059

差出有効期間
2021年4月
30日まで

（切手を貼らずに
お出しください。）

602-8790

（受取人）
京都市上京区堀川通出水西入

㈱かもがわ出版行

▌注文書▐

ご注文はできるだけお近くの書店にてお求め下さい。
直接小社へご注文の際は、裏面に必要事項をご記入の上、このハガキをご利用下さい。
代金は、同封の振込用紙（郵便局・コンビニ）でお支払い下さい。

書　名	冊数

ご購読ありがとうございました。今後の出版企画の参考にさせていただきますので下記アンケートにご協力をお願いします。

■購入された本のタイトル	ご購入先

■本書をどこでお知りになりましたか?

□新聞・雑誌広告…掲載紙誌名(　　　　　　　　　　)
□書評・紹介記事…掲載紙誌名(　　　　　　　　　　)
□書店で見て　□人にすすめられて　□弊社からの案内　□弊社ホームページ
□その他(　　　　　　　　　　)

■この本をお読みになった感想、またご意見・ご要望などをお聞かせ下さい。

おところ □□□-□□□□　☎

お(フリガナ) なまえ	年齢	性別
メールアドレス	ご職業	
お客様コード(6ケタ)		お持ちの方のみ

メールマガジン配信希望の方は、ホームページよりご登録下さい(無料です)。
URL: http://www.kamogawa.co.jp/
ご記入いただいたお客様の個人情報は上記の目的以外では使用いたしません。

第4章

自分らしく生きる。

誤解や差別が職場復帰を遠ざける

がんと宣告されても、人生は続きます。不安や恐れを抱きながら、がんとどう向きあえばいいのでしょうか。自分自身がいま、または将来、当事者としてがんに直面したとき、いつまでもたじろがないためのヒントを探ります。

がん哲学外来には、がんを告知されたばかりの患者さんも訪れます。いろんな悩みがありますが、大別すると三つです。3分の1は治療内容、3分の1は家族との関係、そして3分の1は職場の人間関係の悩みです。

いまでも、がんになって会社を辞める人は少なくありません。ある患者さんは、がんから職場復帰したものの、居づらい会社に出勤できなくなり、喫茶店などで時間を費やして帰宅するようになりました。まもなく家族の知るところとなり、やがて退職したそうです。

勤めている人は告知された後、職場でどう扱われるのかがまず心配になるようです。徐々に少なくなってはいますが、がんのせいで生きがいだった職場での役割を外され、うつ症状になる人もいます。社会にはまだ、がんを不治の病と受けとめ、がん患者を職場の一線から遠ざけるような誤解や差別が残っています。

第1章で紹介した齋藤智恵美さんは、新しい職場に通い始めて2か月目に右胸のしこりを見つけ、乳がんの治療が始まりました。治療を続けながら働くうえで、どんな悩みがあったのでしょうか。

職場や息子の通う保育園では、基本的にがんのことを隠そうとしませんでした。職場ではウィッグ着用で仕事をし、親子遠足や運動会にはニット帽を被って参加していました。治療で体調の良くない日もたくさんありましたが、職場に行くとつい、「大丈夫です」と言ってしまい、しんどさを抱えたまま仕事する日も多かったです。上司は体調面に配慮しようと努めてくださいましたが、自分の体調を素直に隠さず伝えることの難しさや、「気づいてくれるだろう」では伝わらないということを実感しました。

がんの通院治療中、周期的に倦怠《けんたい》感に襲われるのは抗がん剤などの副作用です。それでも、同僚に気兼ねして、「大丈夫です」と答える心理はよくわかります。働いている多くの患者が経験しているのでないかと思います。

折れそうな心情と職場の同情に隔たり

智恵美さんには、職場での何気ないひとことに驚き、精神的に打撃を受ける経験もありました。

治療がひと段落して、軽減していた勤務から通常の業務に戻りましたが、治療前の体とは大きく異なり、かなりの負担を感じました。そんな中、仕事の内容を大幅に変える必要性を感じて退職を申し出た際、「齋藤さん、その体でだれが雇ってくれると思いますか」という答えが返ってきた時には、やはり病気や障害を抱えた人が社会において差別や偏見の対象になっていることを実感しました。負けず嫌いのわたしは、経験の価値を生かせる場所を必ず作ってやるぞ、と思いましたが、その言葉を受け入れてしまいそうになるくらい、治療後は疲弊していました。

また、職場に限りませんが、治療中はできる限り迷惑をかけないように元気に振る舞う努力をしていますので、「意外と元気そうだね」と言われると、心の中では、もうこれ以上はがんばれないよ、と思います。

患者の立場からの聞き逃せない率直な証言です。

興味深いアンケート結果があります。厚生労働省が委託事業で調べたところ、がんを理由に1か月以上連続して休業している社員がいる企業は、全体の21%を占めていました。また、「国民生活基礎調査」にもとづく推計によると、仕事を持ちながらがんで通院している人は32万5000人にのぼるそうです。

また、がんを含む身体疾患で連続1か月以上の療養を必要とする社員が出たとき、ほとんどまたは一部が「病気休職を申請せず退職する」と答えた企業が15％を占めていました。過去3年間に病気休職制度を新たに利用した社員のうち、38％が復職せずに退職していた、との調査結果もあります。

厚生労働省は、こうしたデータを盛り込んだ「治療と仕事の両立支援のためのガイドライン」を作成しています。そこには、両立支援の必要性を社員全員に徹底して実現しやすい職場風土をつくることや、通勤負担を軽くするためにラッシュ時を避けた時差出勤、在宅勤務を認めること、療養中と療養後の短時間勤務制度の導入などが提案されています。

しかし、現実と理想の間になお隔たりがあることは、智恵美さんの職場での体験からもうかがえます。

折れそうになる気持ちを奮い立たせて働く患者の心情と、上司や同僚が持つ悪意のない同情との間には、大きなギャップを感じます。憐れみや同情で人を迎えると、相手が嫌になることがあります。やはり、一番困っている人が何に悩んでいるか、ということに思いをはせる教育が必要です。

残念ながら、がんは仕事するうえでマイナスになる、という偏見は消えていません。がんであることは上司にしか伝えず、周りには黙っている人が多い。がんという病気になっても、その人を病人としか見ない社会であってはいけません。病気であっても病人ではない。そういう教育を受けた子どもたちが大人になれば、偏見のない職場環境が実現するのではないでしょうか。

がん教育は、企業の教育にもつながるのです。

企業内にも メディカル・カフェを

ある大企業の幹部に、こんな提案をしたことがあります。

抗がん剤を飲んで職場に戻っても疲労感が強く、1日を通して同じ仕事をすることができないがん患者社員のために、午前中だけ働いたら午後は社内でメディカル・カフェを開いてもらい、出勤扱いにしてはどうですか――。

わたしは、患者さんに「会社に行きなさい」とは言いません。「休んでいる間、近所でメディカル・カフェを開いてはどうですか」と提案します。開設すると心が変わり、ポジティブになる。協力してくれる人が必ず2、3人できて、広報を手伝ってくれたりします。すると、内向きだった心が外に向くので、会社にも行けるようになります。

会社でメディカル・カフェを開けば、自分からがんだと言わなくても、周りはがんであることを知ってくれます。すると、悩みの大部分は解消します。自分のがんを隠すために毎日悩んでいるからです。その悩みが解消すれば、人間性が変わり、人のために何かをしようと思えるようになります。

企業が社内にメディカル・カフェを開設し、がんの社員が担当する。こんながん哲学外来の企業モデルができると、治療と仕事の両立を進める一助になると思うのです。

以前、がんと宣告された人は病院や家にいました。いまは、早期発見すれば死なない慢性病ですから、外に出る。だから人間関係で悩むことが増えます。がんになって休み、会社に復帰した時、その社員を会社がどう受け入れるかというのは、がん患者のケアにとって大きな課題です。

実は学校でも、会社と同じような課題があります。

たとえば小学校で、小児がんになった生徒が復帰するとき、先生やクラスメートはどう対応すればいいのか。また、子どものお父さんやお母さんががんになったとき、その子にどう接すればいいのか。このあたりはまだ確定的なガイドラインがあるわけではなく、その場、その時の判断で対応するという不安定な現状ではないでしょうか。この点は、がん教育の際にも配慮が必要になります。

小児がんには、白血病や脳腫瘍《のうしゅよう》、神経芽腫《しんけいがしゅ》などがあり、年間2千人余りが診断されています。1万人に1人の割合です。2歳でなる子もいれば中学校でなる子もいる。昔は、小児がんの予後は良くありませんでしたが、いまは治る時代になりました。ただ、治療による副作用などはありえますので、復帰する小児がんの子どもをどう迎え入れるか、先生やクラスメートが一緒に考えることもがん教育になります。

一喜一憂しないための自己放棄のすすめ

がんと告知されたとき、会社や家庭で占めてきた位置が突然揺らぎ、居場所を失うような不安を感じる人が大勢います。忙しく立ち働いてきたそれまでの日常生活がなくなってしまうような喪失感に襲われ、自分を見失いがちです。そんな状態から脱するには、まず、自分のことに無頓着になることです。

病気の進行は、自分で止めることはできません。医師の方針に従って入院や通院することになり、生活の多くが治療に支配されます。その中で、医師の一言やネットで調べた記事、検査結果の数字やＭＲＩ画像の陰影など、病気に関するすべてのことに一喜一憂してしまう。それは、意識が外から内に、つまり自分のことばかりに集中しているからです。

病院のベッドは非日常の空間です。そこで、それまでの日常で担ってきた仕事やこだわってきた価値観を振り返り、一度すべてを手放してみる。人との競争心を捨てて、自分が大切にやってきたことも、やりたがっている周囲の人にできるかぎり任せてしまう。いわば、自己放棄の勧めです。

自分に対するこだわりがあると、いつまでも一喜一憂してしまいます。人に譲っていくうちに、自分にしかできないことの少なさにも気づくのではないでしょうか。自己放棄する中で自分の人生と正面から向きあい、本当の自分の価値に触れることができます。すべてを捨てて、なお残るものが人生から与えられたプレゼントです。それが、果たすべき本当の役割、使命です。

自分の役割、使命とは何か、それを見つけ出す。人間は、存在自体に価値がありますから、必ずその人には役割、使命があります。それに気がついていないから、居場所を失っているのではないでしょうか。

役割、使命を見いだすには、自分以外のことに関心を持ち、時間を割くことです。他の人のために何かをやる。だれかの本を読むのもいい。

わたしは、これまでの体験を通して、人生のマイナスをプラスに転化させる最高の処方箋は「出会い」であると思っています。

よい先生に出会い、よき仲間に出会う。だれにも出会わない人は、よい読書で歴史上の人物に出会う。趣味や、含蓄のある言葉との出会いもあります。出会いこそ、人生を変える存在法則です。

旧約聖書の「エステル記」に、こんな物語があります。

紀元前5世紀、バビロン帝国を滅ぼしたペルシャ帝国で、王の家臣の悪だくみによりユダヤ人の危機がひそかに進みます。ユダヤ人だったエステル王妃は自分の民族の危機に気づき、王に迫害の撤回を求めようとします。しかし当時は、王のお呼びがないと王妃も会うことはできず、破れば死刑と決まっていました。それでもエステル王妃は、自分がここにいるのはこの時のためと悟され、直訴に向かうことを決意し、親しい人に自分の覚悟を伝えます。

「法令にそむいても、王のところに参ります。わたしは、死ななければならないのでしたら、死にます」

エステル王妃は、自分の役割、使命と出会ったのです。
がん患者も、本当の役割、使命と出会えば、同じ覚悟を持つことができるのだと思います。

大切なのは「なぜ」でなく「いかに」

がんを考えるときに大切なのは、「なぜ」でなく、「いかに」です。
告知されると、なぜがんになったのかという驚きとともに、思索は自分の存在意義にまで行き着くかもしれません。それは次に進むステップとして貴重です。しかし、なぜを問い続けても、明快な答えはありません。

「なぜ」から「いかに」という問いに進むことで、視線は過去から未来に移ります。がんといかに向きあい、いかに生きるか。「いかに」という問いは「なぜ」と違い、人間の自由意思で答えることができるのです。

患者さんには、1日1時間、部屋に閉じこもって考える習慣をつけることを勧めています。自分と向きあって1時間、深く静かに考える。すると、囚われている不安の真相や今後の人生の過ごし方、やるべきことが次第に浮かんでくる。真剣に1時間考えると、人間は疲れます。すると、関心は他のことに広がり、外に出るようになります。気持ちが外に広がる。このことこそ、自分の役割、使命に気づく第一歩になるのです。

日本人は、70パーセントの割合で一日中、中途半端に悩んでいるのではないでしょうか。1日1時間、集中して真剣に悩み、考えることは、どなたにもお勧めします。たとえば1日1時間、真剣に読書して新しい世界に触れるというのも、将来の糧をつかむ貴重な習慣になります。

本物は
ごみの中にかがやく

外に出ることの大切さを教えてくれたのは、ひとりの京都の牧師でした。若い頃、わたしが通っていた京都の予備校で、英語を教えていました。東京大学で政治学者の南原繁から直接教わった人で、学徒出陣を体験していました。南原の歩き方、話し方から話の内容までを細かく聞かされ、学者の風貌とはどんなものかを教わりました。新渡戸稲造、内村鑑三、矢内原忠雄の本を読み漁るきっかけをつくってくれた先生でもあります。

その先生は学生時代、進むべき道を真剣に考えたそうです。しかし、それは大学の教室や研究室では見つからなかった。それで、町に出ていろいろと探し歩く中で見つけた、というのです。先生は東大法学部を卒業後、牧師の道に進まれました。

このエピソードは、大学で学ぼうとしていたわたしの心に強く刻まれました。以来、こう思っています。

本物はごみの中にかがやく。

立派な建物の中にいて、どれだけお金をかけても、大切なものは見つからない。しかし、建物から一歩外に踏み出すと、大切な何かが見つかるかもしれない。ごみの中にかがやく本物は、しかもタダです。真実は無料なのです。

そして、本物との出会いは、自分が不利な状況の時に与えられ、都合のいい時には与えられないのではないでしょうか。ですから、苦悩や失意の中でかけがえのないことに気づいた時には、わたしは「もしかするとこの時のため」のつらい体験だったと受けとめることにしています。

がん哲学外来でお会いした患者さんから、その後に再会した際、「あの時の出会いのおかげで今のわたしがあります」と言っていただくことがあります。これほど嬉しいことはありません。この時のために自分はあると思えて、心が豊かになります。そして、自分を犠牲にしてでもがんばろうという力がまた湧いてくるのです。

外へ出て、本当の役割、使命に出会ったら、その役割を果たすという選択肢を自分で選び取らなければなりません。その時、覚悟を持って選ばないと後悔することになります。覚悟がなくて選んでいる人は、だいたい後悔している。治療方法でも「あの時、こうすればよかった」という声を聞くことがあります。

必要な覚悟は、ただ病気と向きあう覚悟でなく、自分が人として成長しようとする覚悟です。そんな「いい覚悟」を持って選択肢を選べば、何か不都合なことがあっても後悔しないはずです。

昨日のことを思いわずらっても、明日のことを思いわずらっても仕方がありません。一日一日、全力を尽くして、「いばらの道」でも進む覚悟が大切です。

人生いばらの道にもかかわらず宴会

乳がんと向きあう齋藤智恵美さんが大切にしているという言葉の処方箋に、もうひとつ、「いばらの道」の語句を使ったものがあります。

人生いばらの道、にもかかわらず宴会。いばらの道であっても、喜びや悲しみがあり、小さな幸せもある。そしていばらの道をともに歩む仲間がいることを思い出させてくれます。

どんなにつらく悲しい出来事があっても、人生は終わりません。それは、東日本大震災による津波と福島第一原発事故が招いた凄絶な被害の後も、生活を立て直そうと懸命に生きる被災者の姿を思い起こせば、容易に気づくことができるはずです。

旧約聖書に「悩む者には毎日が不吉な日であるが、心に楽しみのある人には毎日が宴会である」という言葉があります。どれほど過酷ないばらの道であっても、人生は楽しまなければならない。これがわたしの信条です。

苦しい状況に立たされた時、とても宴会なんかしている余裕はないと反発する患者さんもいます。しかし、厳しい道であればあるほど、楽しさを見つけなければ耐えることはできません。「宴会」とは、大勢でお酒を飲むことではなく、ひととき苦しさを忘れさせてくれる出会いや本の一節、心を和ませてくれる趣味や初めて挑むスポーツ大会、海外旅行などのことです。こんな楽しみが見つかれば、心の中は毎日が宴会ではないでしょうか。

がんになっても、人生を楽しむことはできると患者自身が決意し、ときに心から笑顔がこぼれることがあれば、その笑顔は、寄り添う家族にとって何よりの慰めになることは間違いありません。

八方塞がりでも天は開いている

智恵美さんは、「一番苦しかったのは、八方塞がりでわたしの周りにはだれも理解してくれる人がいないと思い込み、孤独に入り込んでいた時でした」と明かしてくれました。

章の締めくくりに、このような悩みに対する言葉の処方箋を紹介します。

人間には、その人が耐えられないような苦しみは与えられない、と考えています。ですから、とことんまで苦しむということはなく、耐えられる範囲の苦しみが与えられる、自分はそれに耐えられる人間である、と思った方がいい。

新渡戸稲造は、こう言っています。

「とうてい逃れられない困難で、不幸が長く続き、心も身も疲れはて、逃げる場所もかくれる場所もないと、人生の生きる望みを失ったとき、心を落ちつけて、天を仰ぎ、心に念ずれば、どことなくなぐさめてくれる風が吹いてくるのはどうしてであろうか」

がん治療に手を尽くしても、再発と転移を繰り返し、回復のめどが立たない。取り組む仕事が壁にぶつかり、あらゆる手を打っても自力で前に進むことができない。そんな厳しい局面に立たされる時があるかもしれません。

しかし、努力を尽くしたならば、不安や恐れを天にまかせ、いさぎよく静かに待ってみる。耐えられない苦しみは与えられません。すると、天は開いていることに気づき、かすかな光が差し込んで心が少し楽になるものです。

八方塞がりでも、天は開いている。

これが、新渡戸の言葉にならったわたしの処方箋です。

第5章

生と死を見つめる。

死ぬという
大切な仕事が残っている

最後に、背中あわせともいえる「生と死」について考えます。まず、第3章で紹介した彦田かな子さんに、乳がんの告知を受けたときの胸中をうかがいます。

がんになるまで、わたしは明るく前向きに生きる姿が一番美しく、素晴らしいと強く思っていました。ですから、つらいことがあっても、周囲に笑顔を見せることで、まるでその苦しみを受け流しているように振る舞ってきました。しかし、がんの告知を受け、ことが自分の命となると、その信念を貫くことはできず、笑って強がる余力などまったくありませんでした。がんと向きあうつもりにも、受け入れるつもりにもなれませんでした。

疑うこともなかった命のつづきに突然、疑問符をつけられるのです。考えたこともなかった死という壁が現れ、その前でなすすべもなく立ちつくすのは、耐えがたい時間だったと思います。

告知でなく余命宣告の場合は、死がさらに現実のものとして立ちはだかります。そして、宣告を受けた人の肩書きが立派であればあるほど、治療のためにその看板を失うと虚しさを強く感じ、うつ症状になりがちです。3分の1ぐらいの人がうつ症状になるのではないでしょうか。数か月で症状が治る人もいれば、1年、2年かかる人もいます。

治療しても再発を繰り返し、がんが全身に広がった末に自殺を図ったという男性に、こんな言葉を伝えたことがあります。

「あなたには、死ぬという大切な仕事が残っていますよ」

残された時間の短さに絶望し、自ら死の淵を覗き込んだ人に対して、あまりに無神経で残酷な言葉だと思うかもしれません。しかし、余命宣告を受け、望みを断たれた患者には、当たり障りのない慰めの言葉は空疎にひびくだけです。

深く沈み、閉ざされた心の隙間から、前を向く気持ちを発動させる言葉を差し込むにはどうすればいいか。この男性と真正面から向きあい、全神経を集中させて考え、送った言葉でした。

死というのは、人の尊厳にふれる大切な仕事です。末期のがん患者は、死という最後の仕事と向きあっている。わたしは、そのことを伝えたかったのです。

男性はしばらくすると、うつむいていた姿勢を正し、まっすぐわたしを見て口を開きました。「わかりました」と言った表情に、どこか清々しい覚悟が浮かんでいました。

働いている人は、自分の仕事に生きがいを感じています。そして患者は、その仕事を離れたことの悔しさ、淋しさを抱えています。男性は、わたしの思いがけない言葉に驚き、やがて、死ぬことも仕事ならやり遂げるために生きよう、と思えたのではないでしょうか。

聖書によれば、アダムは930歳、ノアは950歳、アブラハムは175歳、モーゼは120歳まで生き、人の寿命は120歳と決められたそうです。たしかに120歳以上生きた人はほとんどおらず、日本の最長齢は116歳ぐらいでしょうか。しかし、人間の寿命の長さは本当のところわかりません。

人間は、自分の寿命さえわからない生物なのです。そして自分の死にも気づかない。医師に「あなたの余命は何年」と言われても、確実事象ではありません。自分の死は、自分でコントロールできないのです。

自分でコントロールできないことに一喜一憂しない。これは、がんにどう向きあうかを考えるがん教育で、大切な理念となるべきことです。

なぜ死なねばならず、死はいつやってくるのかなど、死についてどれだけ考えても結論はありません。死はだれにでも訪れますが、自分の死のことは何もわからない。ですから、自分でコントロールできないことは、ただ受けとめる。そして、コントロールできることに全力を尽くす。大切なのは、コントロールできることと、コントロールできないことをどう見極めるかです。

全力を尽くして変えることと、変えられないことを受けとめること。このふたつを識別する能力を養うことは、がん教育の大きな目的だと思います。

同じ境遇でもある人は悩み、ある人は喜ぶ

瀬戸内海にあるハンセン病の国立療養所「長島愛生園」で医療活動を続けた精神科医、神谷美恵子(*6)（1914—1979）は、『生きがいについて』（みすず書房、2004）の中で、こう記しています。

「同じ条件のなかにいてもあるひとは生きがいが感じられなくて悩み、あるひとは生きるよろこびにあふれている。このちがいはどこから来るのであろうか」

これは、神谷が長島愛生園で最初に感じとった驚きの事実です。神谷は41歳でがんになり、数年後、生きがいを求めて長島愛生園での活動を始めました。精神医学的な調査をすると、半数の入所者が将来に希望も目標もないと答え、「時をむだにすごしている」「たいくつだ」などの声が目立ったそうです。

しかし、一部の入所者からは、「人間の本質に近づき得る」、「人を愛し、己が生命を大切に、ますますなりたい」と、未来への希望を明るく語る声が寄せられたのです。

同じ境遇にいても、ある人は悩み苦しみ、ある人は生きがいを感じている。この違いはどこから生まれるのだろう、というのが神谷の学びです。

長島愛生園は1930年に設立され、ハンセン病患者の隔離政策を定めた「癩《らい》予防法」により、多くの患者が強制的に収容されました。ハンセン病は非常に感染しにくい病気ですが、当時は感染しやすくて怖い病気という誤った受けとめ方が広がり、優生手術の対象にもなるなど、患者と家族は激しい差別と人権侵害を受けました。1940年代には治療薬ができて完治する病気になりましたが、強制隔離は戦後も半世紀にわたって続いたのです。2000年代になって国が法律廃止の遅れを謝罪した後も、偏見はなお消えたとはいえません。

こうした不条理な歴史を生きる入所者にとって、日々の生活は、言葉であらわせないほど過酷だったのではないでしょうか。そんな境遇の中でも、人間はふたつの道に分かれて進むのです。つまり、人はいつも別の道を行き、どの道を進むかを決めるのは自分自身、ということです。そのことに気づくことも大切だと思います。

神谷は、入所者に寄り添い、多くの声に触れる中で、孤独な葛藤の中からこそ生きがいは生まれる、と指摘しています。

マイナス×マイナスはプラスという真理

神谷の父で政治家の前田多門は、わたしが研究してやまない新渡戸稲造の教えを直接受けた人でした。前田の仲人を新渡戸が務め、神谷は３歳の時、自宅を訪ねてきた新渡戸の膝に乗ってあやされたそうです。こんなつながりに引き寄せられるように、わたしは長島愛生園でもがん哲学外来カフェを毎年、定期的に開いています。多くの入所者が80歳を超えていますから、がんになる人もいます。

ある時、長島愛生園のカフェに、岡山から20代の不登校経験者が10人ほど参加したことがありました。彼らはテーブルに分かれて座り、高齢の入所者らと対話を始めました。苦難の道を歩んできたにもかかわらず、明るく応じる入所者の姿に、若者たちは慰められています。お互いが気持ちを伝えあい、交互にうなずきあっていました。

マイナス×マイナスはプラス、という数式があります。

これは、小学生にも理解できる数学的真理です。プラスを元気な人、マイナスをその逆の人とすると、プラス×プラス、つまり元気な人同士が集まればさらに元気になる。プラス×マイナス、つまり困っている人が元気な人に接しても、解消されない。

そして、マイナス×マイナスは、困難の中にいる人同士が接するとお互いが元気になる、ということです。
3人の子を持つ彦田かな子さんも、マイナス×マイナスはプラスを実感する経験をしたそうです。

何度も誘われて、がん哲学外来カフェに参加すると、30人ほどのがん患者さんがいました。病院以外で、そんなに沢山の患者さんを見るのは初めてでした。それだけでなんだか心が安らいでいき、穏やかな気持ちになって驚いたのをはっきり覚えています。そこでは、お互いの話をじっくり聞き、けれども深く詮索はせず、部屋中に「ひとりじゃないんだよ」という気持ちが充満しているようでした。

わたしも、そんな光景をたくさん見てきました。同じ病気や悩みを抱える患者、家族同士の出会いが、マイナス×マイナスです。すると、相手のために何ができるかを考えはじめます。役割意識が生まれれば、その役割を果たそうという力が湧いてきます。

自分と同じように、または自分よりも困った人に接するとプラスになる。これが人間です。がん患者もそうです。

かな子さんが感じた安心感は、数学的真理のように、確実に得られるカフェの効果なのです。

人生に順境も逆境もない悩まなくていい

余命宣告後、いよいよ治療する手立てがなくなってしまった場合、その患者のために「緩和ホスピス」という受け皿があります。死の間際の居場所として有意義ですが、ホスピスはお金がかかるうえ、なかなか空きが出ず、入るのは大変です。すると、自宅で過ごすことになり、家族との関係をどう円滑にするかが課題となります。

その際、大切なのが「対話」です。

親や子どもなど大切な人を亡くした人をサポートする「グリーフケア」の活動が広がっていますが、その内容をみると、相談やカウンセリングなど、残された人の話を丁寧に聞く「傾聴」に比重が置かれているようです。日本のがん医療のケア現場も、主流は「傾聴」です。しかし、患者が苦難を乗り越えるためには、最終的に自分が意識して気持ちを切り替えていく自発性が欠かせません。

ですから、医療機関でも家庭でも、「傾聴」だけでなく「対話」をもっと重視するべきです。医師や看護師、家族などケアする側が言葉を投げかけ、患者がその言葉に反応して行動に移す。そのとき初めて、その人の個性が引き出されるのです。死と向きあうがん患者と同じテーブルに座って1時間過ごす。末期患者を見舞ってベッドサイドで30分寄り添う。その時、お互いが苦痛にならない人間関係をつくる「対話学」がもっと広がってほしいと思います。

小学校などでのがん教育でも、知識だけでなく、いかに「対話」するかを学び、困っている人に手を差しのべる訓練をした方がいい。

困っている人と対話すれば、自分の苦しみも和らぐうえ、自分が困ったときの苦しみ解消にもつながります。困っている人と接する経験を通して、台風で海が荒れても凪《なぎ》がくるように、人生には順境も逆境もなく、ひたすら精一杯生きればいいこと、だから自分のことで悩まなくてもいいことに気づくのではないでしょうか。

しかし、教育の現場には、自分が悩んでいることを書きなさい、みんなに話をしなさい、という場面が目立ちます。わたしは高校時代、「悩みはない」と言ったら、悩みのない子なんてだめだと怒られました。同級生たちがどんな悩みを挙げたかというと、ほとんどは友人とのありきたりの人間関係の悩みでした。

日本では、悩みを持つ子が偉いことになっています。そのため、「悩みを考えなさい」ではなく、「悩みはない」という授業がないのです。

わたしは、がん患者が生と死に真剣に向きあう姿を学ぶことで、人生にそんなに悩むことはない、と気づいてほしいと思います。子どもたちに、自分のことでそんなに悩む必要はないよ、と伝えたいのです。自分の人生はプレゼントされたものだと思えば、自分のことでは悩まない。そういう気づきのきっかけを与える場であってほしいと考えています。

委ねるだけ委ねると役割が見つかる

がんの患者さんから、「夜の6時になると無性に寂しくなる」という言葉をよく聞きます。元気な人でも、昼間は仕事や友人とのランチなどで忙しく華やいだ時間を過ごし、夕方になると、ひとりになって寂しさを感じる人が少なくありません。がんになり、そうした日常から遠く離れると、夕方に感じていた寂しさを一層、強く感じるのだと思います。

孤独は、がんと向きあう中で必ず訪れる感情です。

彦田かな子さんは、子どもたちの学校行事に参加すると、自分だけが何か特別な罪を犯し、罰を受けているような恥ずかしさがあったといいます。治療中に味わった孤独や疎外感をこう振り返ります。

母親という集団の中に入ると、がん患者はわたしだけだと強く感じ、孤独な気持ちになりました。学校行事に来ている美しく着飾ったお母さんたちが笑顔でおしゃべりしている姿を見ると、心の中に醜い感情が湧き上がってくるのを感じ、悲しく情けなくなったのを覚えています。長女の二分の一成人式に行くと、教室は生徒と保護者でいっぱいでした。わたしは、脱毛のため帽子をかぶり、大きめの眼鏡をかけ、マスクをしていました。周囲の視線を感じましたし、何より長女が、こんな姿の母親が来て恥ずかしいのではないかと気になりました。

治療中は、副作用で脱毛するなど容姿が変わることもあるので、生活の中で出会う周囲の人たちにどう見られるか、どうしても気になります。かな子さんは、家でがん患者の闘病ブログを見ている方が孤独感を抑えられたそうですが、あえて靴をはき、外へ踏み出しています。つらい思いをすることがあっても、外へ出れば、どこかで助けてくれる人に出会うものです。一歩踏み出す姿勢に賛成です。

孤独に慣れることとは、いつ始めても早すぎるということはありません。慣れるために大切なのは、「委ねる」ということです。いざというとき、自分が打ち込んできた仕事や役割があっても、適当な人がいれば、委ねるだけ委ねる。そうすると、時間ができて暇になります。その暇を孤独と感じず、新しく生み出した時間と捉えるのです。

他の人と比較したり競争したりしていると、人に委ねられません。会社や学校、大学には委員会や会合がいっぱいあり、自分の存在を認めてほしくて、そこに加わりたいと思っている人もいっぱいいます。外れていると、干されたと感じるのでしょう。そうであれば、そんなことはすべて人に委ねましょう。

人ができることはすべて人に委ねると、自分にしかできないものが与えられます。人ができずに残ったものだけを自分でやるのです。

暇というのは、日の間、お日様の間ですから、太陽の光が差し込み、自分の尊厳に触れるとき、とも取れます。暇になることを恐れない、孤独に慣れるというのは、実は自分の本当の役割を知るための最善の道だと思います。

あいまいなものは愛をもって語るしかない

人間、死ぬのは確実ですが、いつ死ぬかは確率です。「余命」ほどあいまいなものはありません。ですから、患者としては、あいまいであることを理解し、宣告された余命に振り回されてはいけません。

しかし、医師の側からいえば、あいまいなことをあいまいに患者に伝えるというのは、実に科学的な姿勢なのです。

このことを改めて学んだのは、東日本大震災による福島第一原発事故の時でした。わたしは震災前から、福島県立医大で毎月、がん哲学外来を開いています。

原発事故の後、多くの人が放射能の健康への影響を尋ねてきました。医師によって見解が違うが、どの見解が正しいのかを詰めたい、という気持ちが伝わってきます。話を聴いていて、どの見解も間違っていないが確定的ではない、と感じました。そこで、わたしは「わかりません」と答えました。

あいまいなことを確信を持って語るには愛しかない。

わたしはこう思っています。「わからない」という言葉を聞いた側が、どう受けとめるかが肝心です。あの人に言われたら腹が立ったが、この人が言ったら納得できた、という差が出る。それは、「わからない」と言われたとき、この人はわたしのことを誠実に思ってくれているな、と感じるかどうかです。感じたら、グレーゾンというあいまいさが残って解決しなくても、納得感を得て気持ちは解消するのです。つまり、相手がこちらの愛を感じるかどうかです。

がん患者もそうです。死を前にして答えは何もありません。解決はしないが、解消はします。自分が思われている、自分のことに関心を持ってくれていると思うだけで変われるのです。解決しなくても、解消すると悩みは少なくなります。

明日死ぬとしても今日の花に水をあげなさい

死もまた、あいまいなものです。本来、生と死は連続しており、境のないものだと思います。

大家族時代、高齢の祖父母は自宅で臨終を迎えました。家族がその横で看取るという光景が日常の中にあり、その体験が死に対する心の備えを育んでいました。しかし、核家族時代のいま、身近な人の死の多くは自宅になく、離れた病院で起こるできごとになっています。

このため、がん宣告を受けると突然、死にとりつかれたような恐怖を覚え、自分を見失ってしまうのではないでしょうか。

死の話を忌避するのではなく、死が生と連続していることを伝え、自分の生を相対的なものと考えるヒントを渡す。がん教育には、そんな深みがあってほしいと願っています。

ドイツの宗教改革者マルティン・ルターの言葉に、「もし明日世界が終わるとしても、わたしは今日りんごの木を植えるだろう」があります。これをもとにした言葉の処方箋があります。

明日死ぬとしても、今日の花に水をあげなさい。

乗り越えられそうにない苦難におそわれても、他者に関心を持ち続ける。そうすれば、未来に大切なものを遺すことができる。わたしはそう思っています。表現は様々でも、希望を失った心の奥底に届くのは、自分の命より大切なものがある、という、ただひとつのことを伝える言葉です。

死が迫っても、自分の命だけにとらわれるのでなく、自分以外のものに関心を寄せ続ける。それが尊厳ある人間の姿ではないでしょうか。

第6章

教室で語りあう。

がんにどう向きあうか心構えを学ぶ

わたしはこれまでに、小学校でがん教育の授業に参加する機会を幾度もいただき、教室に立ってきました。5年生と6年生が対象ですが、大学の講義と同じスライドを使います。若いころ、新渡戸稲造や内村鑑三の著作を読んで覚えた言葉を紹介することもあります。本当に偉い人物は地平線の向こうを見て語っていますから、足元を照らすだけの言葉と違い、心に残ります。

授業では、そんな偉人の言葉も紹介しながら、がん細胞で起こることは人間社会でも起こる不思議を伝え、大切な人ががんになったときにどう寄り添えばいいか、がんになっても自分らしさを失わないために大切なことは何かを話していきます。その内容は、第5章までに記してきました。

最後に、がん教育の実践例のひとつを紹介します。

教室は、東京都東久留米市立第二小学校です。

授業名は「がんについて学ぼう」で、1時限目の目標は、「がんについての基礎知識を正しく理解し、健康に生活していくためにはどのようなことに気をつければよいかを考える」。2時限目の目標は、「医師の話を聞き、病気とともに生きる人の気持ちに寄り添うことの大切さに気づくとともに、健康と命の大切さを再認識することができる」。同校の6年生全員が集まり、1時限目は体育・保健領域、2時限目は学級活動として行われました。それぞれ45分間の授業です。

6年生担任の青木真美先生、鬼木雅人先生が協力して進めました。

2時限目に参加したわたしの話が終わり、担任の青木先生が児童に語りかけながら授業を進め始めるところから再現します。教壇のかたわらのホワイトボードには、鬼木先生がわたしの難しい話を聴きながら見事に書き出された「生きていくためのヒント」が並んでいます。

雨はだれにでも降る どうするか決めるのは自分

担任　樋野先生、ありがとうございました。病気のためだけではなく、生きていくためのヒントがたくさんあったと思います。では、みなさんから受けた質問を樋野先生に答えていただきます。

まず、がんに限らず、病気になった時、人はどのような思いになるのですか。

樋野　人間は何かが起こった時に苦しみ、なぜこんなことになったのかと考えてしまいます。でも、「なぜ」と問うても答えは出ません。それなら「いかに」対応するかを考えた方がいい。雨はだれにでも降ります。傘をさすか、レインコートを着るか、家の中に入るかは自由意思だから、どうするかは自分で決めなければいけない。みなさんも、家族がもし、がんになったらどう対応するか、いまから準備しておくといいね。

担任　雨が降るように、みなさんの人生には病気だけでなく、いろいろなことが起きます。でも、雨に文句を言うことはできないので、その時にどう対応するのか考えておいてほしい、ということでした。

みなさん、ひとりだとちょっとつらいなと思う時、一番近くにはだれがいますか。そう、家族がいらっしゃいます。では、患者さんがつらいと思ったとき、家族は患者さんを支えるためにどんなことができるでしょうか。

樋野　そんなときは、「犬のおまわりさん」になってほしい。困っている人と一緒に困ってあげられる人になってください。何かを言わなくてもいい。正論を言ったりするのは余計なお節介になる。余計なお節介ではなく、相手の必要に共感する「偉大なお節介」を心がけてください。自分の気持ちで接しないことです。

自分が困ったときは、ドラえもんのように靴をはいて外に出よう。だれかが助けてくれるから。家の中に閉じこもっていてはだめだね。八方塞がりでも天が開いているように、一歩外に踏み出す勇気を持つと、だれかが自分のことを見てくれるということです。

担任　難しいですが、困っている方と一緒に困ることが大切だそうです。そして、自分の気持ちで接しない。なんかやってあげなきゃとか、これをやればいいんじゃないのとか、自分の気持ちで接するのでなく、困った人と一緒に考えていくことが大事ということでした。そして、家族としては、困っている方と一緒に一歩を踏み出す勇気が必要なのではないか、ということですね。

では、家族ではなく、もう少し離れた周りの方の場合は、どのように支えることができますか。

樋野　日本のがん患者は、冷たい親族に悩んでいます。温かい他人を求めている。だから、みなさんも温かい他人にならないとね。困っている人にどう接すればいいかを知るために、小学生の時に一番困っている人と30分間、一緒にいる訓練をしたらどうだろう。末期のがん患者さんのお見舞いに行き、ベッド横で30分ぐらい過ごす経験があると、困った人と接する心ができます。

担任　みなさん、困っている人と30分間、一緒にいることができますか。

児童　話すことがないのでは。

児童　なんかちょっと気まずい気がすると思う。

担任　その意見、わたしもちょっと共感します。

児童　何をしゃべっていいかわからない。

児童　なんかさみしい気になってしまう。

児童　なんか緊張してしまう。

担任　他のみんなも同じだと思います。わたしも一緒です。でも、やっぱりその人に寄り添う人、何もしゃべらず何もやらなくても、その人と同じ空間にいることができる人になってほしい、ということです。困っている人と一緒にいるだけで、その人の支えになるというお話でした。

　では最後に、先生に教えていただいた形での家族の支え、周りの方の支えは、大変な思いをしている患者さんにどういう効果を与えますか。

樋野　人間は、問題を「解決」できなくても、「解消」することはできます。悩みごと以外に関心が向けば、悩みの比重は下がってくる。これが解消です。人間は、周りの人とのコミュニケーションによって、悩みごとを解消できるのです。そのためには、小学生の時から困っている人に手を差しのべて一緒に時間を過ごす訓練をしておくといいね。そうすると、大人になってから自然にできるようになります。

担任　問題は解決しなくてもいいそうです。解消でいいそうです。つまり、困っている人に手を差しのべることによって問題が少し和らいでいく、その人の問題に対する気持ちが和らいでいく、それで十分ということですね。

がんなどの病気で困っている人が、これからみなさんの周りにも現れると思います。そのとき、みなさんは家族として、そして周りの人として、自分の気持ちで接することなく、その人と一緒にいてあげる、30分間いられる、そんな素敵な心の持ち主になってほしいと思います。

今日は、困っている人に手を差しのべる訓練によって、みなさんの心は困っている人と一緒にいられる人になる、ということを教えていただきました。みなさんにはぜひ、困っている人に寄り添い、同じ空間にいられる素敵な人になってほしいなと思います。

歯を食いしばって人をほめる

いろいろな勉強をしました。最後にひとこと、今日の授業のエキスをみんなが覚えられるような簡単な言葉でお願いできますか。

樋野　歯をくいしばって人をほめる、です。人を非難したり評価したりしてはいけません。人間は存在自体に価値があります。歯をくいしばって人をほめる人間になると、心が豊かになります。そうすると人間は偉くなれます。この中に、将来、医者になりたい人はいますか。

担任　います。お医者さんになりたい人とか、助産師さんになりたい人とか、薬剤師になりたい人とか、たくさんいます。

樋野 すごいですね。わたしは人生3歳にして医者になろうと思いました。無医村で育ったから、体の調子が悪いといつも、母親がおんぶして隣村の診療所まで連れて行ってくれた。その思い出がいつでも残っています。

担任 みなさん、人を評価してはいけません。「この人いい人」「この人なんとか」ではなくて、人間はみんな存在自体が素敵なのです。なので、失敗はあるかも知れません。困っていてつらい思いをしている人がいるかもしれません。でも、人はみんな素敵なので、ほめることができる人になってほしいなと思います。そしてほめることができる人になれば、自分の心も豊かになる。なので、歯をくいしばって人をほめる人間になる。覚えておいてください。

では、樋野先生から聞いたたくさんのことを心に刻むために、みなさんに「宣言」してもらおうと思います。「わたしたちはこんな人になります」というのを、6人ずつ丸くなって考えてください。

（約3分間話し合い）

担任　では、それぞれが書いた「宣言」を大きな声で言います。

（全員で一斉に宣言）

はい、ありがとうございました。では、順番に見ていただきましょう。

児童　だれにでも共感できるような人になります。

児童　わたしたちは、人に寄り添える優しい人間になります。

児童　困っている人を助けてあげられる人になります。

児童　歯を食いしばってほめられる人間になる！

児童　困っている人を支えられるような人になる！

児童　人といっしょに困ってあげられる人になります。

児童　人を支えて助けられる人間になります。

児童　病気の人とか関係なしに、心豊かに接する人になる。

児童　僕たちわたしたちは、だれにでも手をさしのべられる人になります。

児童　わたしたちは、いろいろな人に寄り添い、常に努力をし、目標にねばり強く向かっていきます。

児童　わたしたちは、だれにでも同じ態度をする人になります。

児童　わたしたちは、人に優しく相談に乗れる人になります。

児童　他人に寄り添える人になります。

担任　今日は、がんについてのこと、困った人に寄り添う方法、人生を生きる方法を教えていただきました。

樋野先生、ありがとうございました。

患者も家族も自立していれば踏み出せる

子どもたちには少し難しいのではないかと思いながら話していましたが、最後の宣言を聞くと、大事なところは子どもたちの心に伝わっていました。授業を参観していた父母の方々も、講師のわたしの話は難しかったのに、なぜあんな宣言が書けるのかと感心し、その内容に感動していました。

がん教育については、行政も授業に使えるスライドなどをつくり、ホームページに載せています。がんの知識をわかりやすくまとめていますが、やはり子ども向けという印象を強く感じます。わたしは、小学生でも大学生でも基本的に同じスライド、同じ話なので、小学生には難しいはずですが、寝ることなく聞いてくれます。これは不思議です。

いまの教育は、先生が子どもたちに対して「こうしなさい」とは言っても、子どもたちが先生のことを質問したとき、きちんと答えていない。質問に対して答えず、子どもたちには質問をしている。たとえば、「先生が尊敬する人物はだれですか」と聞かれても、おそらく答える先生は少ない。子どもたちのプライベートな質問に答えると、自分をさらすことになるからでしょうか。

しかし、先生が自分の尊敬する人物を言えない授業では、子どもたちも尊敬する人物ができない。これでは本当の教育になりません。そこで、がん教育では、別の切り口を持つがん哲学がブリッジとなり、足らざるものを補う役目を少しでも果たせれば、と願っています。
最後に、彦田さん親子にもう一度、登場してもらいます。
これからのがん教育に何を期待するかを尋ねました。最初に、母親のかな子さんです。

がん教育は、がんの知識やいのちについての教育と言われますが、わたしは、自立して主体的に生きることの喜びを伝え、自分とは違う他者の存在を認め、だれにでも与えられた使命や役割があることを伝える「生き方教育・生き抜き方教育」でもある、と思います。
家族の一人一人がある程度、自立していることが、がんだけでなく、何か困難な状況に陥ったときに必要なのだと思います。がん患者は特別でもないし、かわいそうな人でもありません。人はだれしも生きていれば、悩みや苦しみのひとつやふたつ抱えているはずです。がんは、それらと何ら変わりはありません。みんな、その悩みとともに少しずつでも歩みを進めているのです。その歩みは、役割や使命を自覚したとき、生きる喜びに満ちて踏み出していくものだと考えます。その礎《いしずえ》になるためのがん教育であってほしいと期待します。

患者と家族、両方が自立していることの大切さを指摘するかな子さんの言葉は、告知後の困惑を越えて、家族が絶妙の距離感で寄り添ってきた経験に裏打ちされていて、説得力があります。

続いて、学校でメディカル・カフェを友人と運営する長男の栄和さんです。

がん教育は、学校で教科書を読み、がんについて知るだけでは不十分だと思います。先生からの話を聞き、がんについての理解を深めることはもちろん大切ですが、やはり経験者の話を聞かないとわからないことも多いと思います。そのような考えから、運営するカフェ「どあらっこ」では、学校への出前授業を行っています。小児がんを経験した幼なじみの中村航大代表や僕の体験談を聞き、少しでもがんを身近に感じてほしいと思っています。

若い世代が率先して、他校へがんの出前授業をしているというのは、驚きです。母親のかな子さんが言う通り、見事に自立した家族です。

2人に共通しているのは、がんになった後の時間を見すえるたしかな視線です。患者の側も家族の側も、それぞれの果たす役割を見つけ、歩みを進めています。がん教育に期待することは、単なる知識でなく、不安を制御する、自分の命にとらわれない、他者の存在を認める、といった温もりのある哲学的アプローチだということがわかります。

がんと向きあう3人に聞く。

がんと生き、亡くなった人が何を感じ、どう生きたのか。想像する力を養ってほしい。

齋藤　智恵美さん

長男と2人で暮らす。
乳がんと診断され、手術後、抗がん剤、放射線治療を受ける。
松本がん哲学みずたまカフェ代表。

――がんと告知された当初、家庭で何に悩み、どんなことがつらかったですか。

わたしが32歳、息子が2歳の頃に、右胸に乳がんが見つかりました。息子が保育園に入園し、わたし自身も新しい場所で仕事を始めて2か月目に、自分でもつかめるほどのしこりを見つけたのが始まりでした。診断がつく頃には自分の中でもその可能性について十分に考え、整理されている部分もありましたので、診断時の動揺は少なかったように思います。

わたしには夫という存在がいませんので、家庭というのは息子、父、母、祖母（母方・父方）になります。がんの告知を受けた当初、両親や周りの人の「もしかしたらこの人は死んでしまうのかもしれない」という心配、不安がダイレクトに伝わってくることが、一番つらいことでした。それを両親も感じ取っていたのだと思います。担当医からの手術の提案を一度お断りしたことがありました。この判断は、両親や周りの人にとっては受け入れがたいものだったようです。それを感じていたわたしは無意識に距離を置き、孤独を選ぶようになりました。

担当医と相談して決めた3か月の保留期間、孤独の中で自分と向きあい、体の声を聞き、手術や治療、それに伴う自分の人生の決断と覚悟をしました。理解してもらえない、と思い込んでいたその時間はとてもつらいものでしたが、今では大切な時間だったように思います。

2歳の息子は抱っこをせがむ時期でしたが、わたしの様子を見て無理を言うことが少なかったように思います。時には横になっているわたしのところにきて、「おかあちゃん、だいじょうぶ？」と頭をなでてくれました。小さい子どもでも色々考えているんだなあ、すごいなあと思いました。

――学校や職場など社会生活では何に悩み、どんなことがつらかったですか。

職場や息子の通う保育園では、基本的にがんのことを隠そうとしませんでした。職場ではウィッグ着用で仕事をし、親子遠足や運動会にはニット帽を被って参加していました。治療で体調の良くない日もたくさんありましたが、職場に行くとつい、「大丈夫です」と言ってしまい、しんどさを抱えたまま仕事する日も多かったです。上司は体調面に配慮しようと努めてくださいましたが、自分の体調を素直に隠さず伝えることの難しさや、「気づいてくれるだろう」では伝わらないということを実感しました。

治療がひと段落して、軽減していた勤務から通常の業務に戻りましたが、治療前の体とは大きく異なり、かなりの負担を感じました。そんな中、仕事の内容を大幅に変える必要性を感じて退職を申し出た際、「齋藤さん、その体でだれが雇ってくれると思いますか」という答えが返ってきた時には、やはり病気や障害を抱えた人が社会において差別や偏見の対象になっていることを実感しました。負けず嫌いのわたしは、経験の価値を生かせる場所を必ず作ってやるぞ、と思いましたが、その言葉を受け入れてしまいそうになるくらい、治療後は疲弊していました。

また、上司に「がんになると考え方や人生が変わるっていうけど、どう?」と聞かれたこともあります。これも、決して気持ちの良い質問ではないと思いました。いまでは「大きく変え得る可能性があります」と言えますが、治療中は肉体的にも精神的にも疲弊していますので、その質問に「はい」と答えることができませんでした。職場に限りませんが、治療中はできる限り迷惑をかけないように元気に振る舞う努力をしていますので、「意外と元気そうだね」と言われると、心の中では、もうこれ以上はがんばれないよ、と思います。

息子の通う保育園では特別な配慮は特にお願いしませんでしたが、先生方が理解したうえで息子の様子を見てくださっていることに、とても安心感がありました。

――悩み苦しむ自分をどうやって変え、または変えようとしているのですか。

とことん苦しむことを体験しようと努めていた気がします。がんになる人が増えているとはいっても、わたしの年代ではなかなか体験できることではありません。最大限がんばりながら、その体験を自分に取り込むことも大事にしていました。一番苦しかったのは、八方塞がりでわたしの周りにはだれも理解してくれる人がいないと思い込み、孤独に入り込んでいた時でした。しかし、いま考えると、しっかりと自分や病と向きあう時間があったから、いまの積極的な生活につながっているのだと感じています。

子どもへの伝え方については、息子は当時2歳で言葉も覚えたてでしたので、どう伝えるかというより、どのような姿を見せるかが大事だと感じていました。大人と違い、経験によるがんへの憶測や不安を持っていませんでしたので、彼の「おかあちゃんは生きる」という疑いのない信頼にとても励まされ、それを体現するように生きることに努めてきました。息子も7歳（小学1年生）になり、彼にとって「がん哲学」は耳慣れた言葉になっていますが、「おかあちゃんはがんなの?」と質問をしてくるようになりました。その時にはできるだけ感情を挟まずに、わたしのがんについて、がんとともに生きる人について話をしています。時にはがんで亡くなったわたしの祖父との思い出話もしています。

職場では、「そのことについては触れない」という空気が流れることもありますが、普段とあまり変わりない様子で過ごしていたと思います。暑い時にはウィッグを外したり、顔色の悪さをお化粧で隠すのをやめたり、がん治療の実態を感じてもらおうという意識もどこかにあった気がします。

――がん哲学外来・カフェになぜ関わり、関わることで何が変わりましたか。

軽井沢にある「あうんの家」というメディカル・カフェに出会ったことが大きなきっかけとなりました。医師の立場である荻原菜緒先生が自宅を開放して月に一回開くこのメディカル・カフェで、どんな気持ちであっても決して否定されることのない安心を感じたことはとても衝撃でした。自分の住む地域にもこういった安心な場所が必要だと思い、メディカル・カフェの活動に関わるようになりました。カフェの活動で感じることは、やるべきことは数少ないということです。

この表現には語弊があるかもしれませんが、安心して過ごせる場所「空っぽの器」を作り、ちょっとしたお茶とお菓子を用意して、話に耳を傾ける。わたしにできるのはここまでです。そこから先は、訪れた本人が少しずつ、気持ちを整理して、自分らしさを取り戻していきます。双方向で対等な関係、社会的立場の垣根を越えた人間同士のかかわり。それこそが、本来持つ人間的な魅力や底力を引き出すのだと感じました。

「人生に期待するのではなく、人生から期待される生き方をする」。この言葉の処方箋をとても大切にしています。自分にはコントロールできない出来事が起こった時に、「さあ　あなたはどうするのかな」と、正解、不正解の枠を超えて優しく温かなまなざしで見守られている気がするからです。「人生いばらの道、にもかかわらず宴会」も好きな言葉です。いばらの道であっても、喜びや悲しみがあり、小さな幸せもある。そしていばらの道をともに歩む仲間がいることを思い出させてくれます。

――今後の「がん教育」にどんなことを期待しますか。

がんを教材に、「生きること」や「命」について学んでほしいと思います。がんと生きる人、がんと生きて亡くなった人を「かわいそう」と決めつけてしまう前に、その人が何を感じ、どう考え、どう生きてきたのか想像する力を養う。そのことも、がん教育の大切な役割だと思います。現在のがん教育に足りないのは、知識ではなく、想像力を育てる要素ではないでしょうか。

子どもたちの多くが、がんで亡くなる人がいることを知っています。「がん」や「死」という話題に触れたことのない子どもたちが、がん教育の中で「がん」や「死」に触れることになります。その時にどう心が反応しているのかは、個人個人で大きく違うと思います。中には苦しくなったり、受けとめ切れなくなったりする子もいると思います。その子どもたちを丁寧にフォローする体制をつくることもとても大事だと思います。大きな傷に触れてしまう可能性への配慮が必要ですが、逆に周囲の大人がその痛みの存在に気づき、ケアを始めるきっかけにもなるかもしれないと感じています。

がんの知識であれば、学校の先生が教えることは十分可能です。しかし、生きることや命については、先生も子どもたちも同じ土俵で考えることになります。そのような時には、実際にがんを経験している人や、日々がん治療で患者さんと向きあう医師の「生きた言葉」が役立つのではないかと思いました。

「ひとりじゃない」。そんな気持ちがあふれるカフェ。自立し、主体的に生きる喜びを伝えたい。

彦田　かな子さん

長男、長女、次男、夫と5人で暮らす。
乳がんと診断され、左胸の摘出手術を受ける。
シャチホコ記念がん哲学外来メディカル・カフェ代表。

――がんと告知された当初、家庭で何に悩み、どんなことがつらかったですか。

告知時、子どもは小学6年生（12歳）、小学4年生（9歳）、幼稚園年中（4歳）でした。夫は終始、冷静に見えました。医師の言葉に一喜一憂するわたしに、「先生の言葉尻をとってあれこれ言うより、言われたことをきちんと理解する努力をした方がいい」と言ってみたり、「この先、あなたがどう生きていくかが問われているんじゃないか」と言ったりしました。どの意見も正論なのですが、自分ががんであると認めきれていないわたしには、ものすごく冷たく感じました。

子どもたちは、いつも通りケンカしたり、大はしゃぎしたり、学校への持ち物を忘れたりしていました。必要以上に手伝いをするわけでもなく、まるで具合の悪いわたしが目に入っていないようでした。しかし、そんな風にがんになる前と変わらない日常を過ごしてくれることは、わたしのがんが子どもたちに悪影響を与えていないと感じることができ、救われたのです。

夫とわたしはお互いひとりの時間を大事にしてきました、と言えばかっこいいですが、きちんと相手と向きあい、意見交換することを避けていたのです。がんになって、そのことに気づきました。実は、夫には要望や希望、そして文句もちょっとありましたが、一切伝えていませんでした。

ですが、命の有限性を感じた瞬間から、いままでの人生の修正に入ったのです。まずは、夫との風通しをよくしようと、ほんとうに少しずつ、希望や文句を会話に織り込むようにしました。すると、夫はその言葉を徐々に受け入れてくれたのです。どうせわかりあえない、と決めつけていたのは、自分自身だったと気づきました。

――学校や職場など社会生活では何に悩み、どんなことがつらかったですか。

当時は専業主婦でした。生活の中心にあったのは、幼稚園に通う次男の送迎と、小学生の子ども2人の学校行事でした。抗がん剤治療で脱毛し、顔がむくんだ状態で同世代の母親たちの集団に入ることは、自分だけが何か特別な罪を犯し、罰を受けているような恥ずかしさがありました。

母親という集団の中に入ると、がん患者はわたしだけだと強く感じ、孤独な気持ちになりました。学校行事に来ている美しく着飾ったお母さんたちが笑顔でおしゃべりしている姿を見ると、心の中に醜い感情が湧き上がってくるのを感じ、悲しく情けなくなったのを覚えています。長女の二分の一成人式に行くと、教室は生徒と保護者でいっぱいでした。わたしは、脱毛のため帽子をかぶり、大きめの眼鏡をかけ、マスクをしていました。周囲の視線を感じましたし、何より長女が、こんな姿の母親が来て恥ずかしいのではないかと気になりました。

――悩み苦しむ自分をどうやって変え、または変えようとしているのですか。

がんになるまで、わたしは明るく前向きに生きる姿が一番美しく、素晴らしいと強く思っていました。ですから、つらいことがあっても、周囲に笑顔を見せることで、まるでその苦しみを受け流しているように振る舞ってきました。しかし、がんの告知を受け、ことが自分の命となると、その信念を貫くことはできず、笑って強がる余力などまったくありませんでした。がんと向きあうつもりにも、受け入れるつもりにもなれませんでした。ただ、事実として自分の体の中にがん細胞があるのだから仕方がない、といった感じです。

子どもたちには、膝を突き合わせてがんを説明するつもりはなかったのです。でも、手術で左胸がなくなれば、毎日一緒にお風呂に入っている下の子ども達は驚くだろうし、抗がん剤治療で脱毛すれば、隠しきれるものでもありません。ショックを受けることが予想できたので必要に迫られて伝えた、という感じです。

いま思えば、そんな風に一つ一つの現実を子どもたちに説明することで、自分ががんであることを徐々に受け入れていったように思います。

子どもたちには、「母のがん」というアイテムを使って、母ががんだからこそ感じることができる気持ちを表現し、この経験をもとに社会の役に立てる人になれるチャンスなんだと伝えています。なぜなら、子どもたちには、今ある環境の中で最大限に力を発揮し、楽しんで生きていける大人になってほしいと強く願っているからです。

――がん哲学外来・カフェになぜ関わり、関わることで何が変わりましたか。

がんになった当初、病院の看護師さんや友人、家族に患者会への参加を勧められました。しかし当時のわたしは、患者会に行ってがんが治るわけじゃない、話をして心が軽くなっても意味がないと思い、参加に否定的でした。

何度も誘われて、がん哲学外来カフェに参加すると、30人ほどのがん患者さんがいました。病院以外で、そんなに沢山の患者さんを見るのは初めてでした。それだけでなんだか心が安らいでいき、穏やかな気持ちになって驚いたのをはっきり覚えています。そこでは、お互いの話をじっくり聞き、けれども深く詮索はせず、部屋中に「ひとりじゃないんだよ」という気持ちが充満しているようでした。

がんと言われてうろたえない人はいないと思います。心細くひとりでがんと闘っている人が、わたしのように「ひとりじゃない」と感じてもらえるようなカフェであるように、心を込めて毎月一回、名古屋で開催しています。

――今後の「がん教育」にどんなことを期待しますか。

夫や子どもたちは、わたしががんになっても大きく生活や態度を変えることはありませんでした。教員である夫は10万円以上する趣味の自転車を購入し、仕事に打ち込み、出張にも行き、大好きな研究も手を抜かず、土日は部活動の指導と走りまわっていました。子どもたちは過剰にお手伝いをするわけでもなく、静かに生活するでもなく毎日兄弟げんかして、時には３人で大きな声で歌ったりして、わたしががんになる前と何ら変わらない様子でした。家族が以前と同じ態度で接してくれることで、がんになった自分は家族の足枷やお荷物になっていないと感じることができて救われました。

がん教育は、がんの知識やいのちについての教育と言われますが、わたしは、自立して主体的に生きることの喜びを伝え、自分とは違う他者の存在を認め、だれにでも与えられた使命や役割があることを伝える「生き方教育・生き抜き方教育」でもある、と思います。

家族の一人一人がある程度、自立していることが、がんだけでなく、何か困難な状況に陥ったときに必要なのだと思います。がん患者は特別でもないし、かわいそうな人でもありません。人はだれしも生きていれば、悩みや苦しみのひとつやふたつ抱えているはずです。がんは、それらと何ら変わりはありません。みんな、その悩みとともに少しずつでも歩みを進めているのです。その歩みは、役割や使命を自覚したとき、生きる喜びに満ちて踏み出していくものだと考えます。その礎《いしずえ》になるためのがん教育であってほしいと期待します。

母がいつも通りだったから、僕たちもいつも通りだった。子ども同士が不安を共有する場所を育てる。

彦田　栄和さん

彦田かな子さんの長男、高校2年生。
小学6年生の時、母親かな子さんのがんを知る。
がん哲学外来メディカル・カフェ「どあらっこ」創設メンバー。

――母親ががんと告知された当初、何に悩み、どんなことがつらかったですか。

母ががんを告知されたとき、僕は小学6年生でした。妹と弟は泣いたりしてとても動揺していましたが、僕はあまり深く考えていませんでした。がんについてあまり理解していなかったことが原因だと思います。母ががんにかかるまで家族の中でがんについての会話はほとんどなく、名前くらいしか知らない遠い病気でした。ただ、母の体調の悪い姿を見て、少し心が痛んだのを覚えています。

――学校では何に悩み、どんなことがつらかったですか。

がん患者の母をもつことで差別されたり、偏見の目で見られたり、疎外感を味わったりした経験はありません。最近はがんについての報道が多く、多くの人が「がんはうつらない病気」など正しい知識を持っていると思います。そのため、「がんばってね」などの励ましの言葉は多くもらいましたが、嫌なことを言われたことはないです。正しい知識を知っているということはとても大切なことで、自分や周りの人を助けることにも繋がります。これからも僕たちが正しい知識を広めていきたいと思います。

――悩む自分をどうやって変え、または変えようとしているのですか。

母からがんと伝えられた時、多少のショックはありましたが、母がいつも通り接してくれるため、僕たち家族もいつも通り接することを心がけました。心配してあげることはもちろん大切ですが、毎日一緒に過ごしている家族に気を遣わせていると感じさせてしまうと、逆に生活しづらくなると思います。皿洗いなどのお手伝いをすることも大切ですが、母がギャグを言ったらそれに乗っかるといったような、何気ない会話も大切にしました。

学校では、母ががんであると打ち明けることはほとんどありませんでした。隠していたわけではなく、普通の友達同士の会話をしていればがんの話は出てこないからです。ですので、学校でも普段通り生活することができました。

――がん哲学外来・カフェになぜ関わり、関わることで何が変わりましたか。

僕ががん哲学外来メディカル・カフェ「どあらっこ」を立ち上げたきっかけは、同級生である中村航大君に一緒にやらないかと誘われたからです。彼は小児がんになりましたが、治療を続け、いまではすっかり元気になっているタフな友達です。そんな彼に誘われ、会を立ち上げ、運営していく中で気づいたことが多くあります。

ひとつは、親が子に自身ががんであることを伝えるとき、大きな不安を抱えているということです。あるお母さんが「子どもにがんのことを伝えたらどう思うか考えると、なかなか言い出せない」と話すのを聞きました。僕の母もそのような不安を感じたのではないかと思います。不安があったにも関わらず、自身の病気の状態を伝えてくれた母に感謝しています。正直に伝えてくれたからこそ、家族皆でがんばっていこうと思うことができました。子どもに伝える前に自分の心の整理をつけないといけないので、すぐ伝えることは難しいことかと思います。でも、もし子どもに伝えるかどうか悩んでいるお父さん、お母さんがいたら、前向きに考えてほしいと思います。

もうひとつは、子どもの方もすごく大きな不安を感じるということです。僕の場合はがんに対する無知のため不安は小さかったですが、中高生が母のがんを知った時にはショックがすごく大きいとわかりました。ここでひとつ、僕の体験談を話したいと思います。

僕の友達でお母さんががんになり、悩んでいる子がいました。しかし周りの友達には話すことができなかったようです。あんまり心配されたくないという思いからかもしれません。学校でメディカル・カフェをしている僕には相談してくれましたが、多くの子がこの友達のように、だれにも相談できず悩んでいるのだろうと感じました。そんな時に、子ども同士で不安を共有できる場があればよいと思います。その場所が「どあらっこ」なので、この活動を続けていきたいと思います。

——今後の「がん教育」にどんなことを期待しますか。

がん教育は、学校で教科書を読み、がんについて知るだけでは不十分だと思います。

先生からの話を聞き、がんについての理解を深めることはもちろん大切ですが、やはり経験者の話を聞かないとわからないことも多いと思います。そのような考えから、運営するカフェ「どあらっこ」では、学校への出前授業を行っています。小児がんを経験した幼なじみの中村代表や僕の体験談を聞き、少しでもがんを身近に感じてほしいと思っています。樋野先生は東京の小学校で講演されているようです。このように、がんと接点をもつ人が学校へ出向いて講演できるようなネットワークづくりも重要だと思います。

おわりに

本書では、齋藤智恵美さん、彦田かな子さん、そして彦田さんのご長男栄和さんの協力を得て、がんと共存する日々や心情の移り変わりを具体的につづっていただき、紹介しています。また、東京都東久留米市立第二小学校が実施したがん教育の授業に招かれ、担任の先生や子どもたちとやりとりした場面も再現させていただきました。いずれも、家庭や学校でがんと向きあう当事者の貴重な証言であり、意欲的な教育実践です。あらためて、敬意とともに感謝の意を表します。

がん教育については、その重要性が「がん対策推進基本計画」で強調され、文部科学省の検討会やモデル事業が持たれるなど、学校や社会の関心は高まっています。しかし、ナショナルレベルでの実効性と実質性のあるプログラムづくりは、まだ緒に就いたばかりと言えましょう。がん教育の目的と対象、内容や手法、そして担い手や実施時期、評価方法など、まだ検討事項が多々ある段階ではないかと思います。

課題になっている小学校でのがん教育を進めるうえで、念頭に置きたいことが四つあります。

1　がんの知識を教えるというより、「がん予防の生活態度と、がんに向きあう心構えを育む教育」の位置付けが望ましい。

2　子どもたちをよく知っている担任が教えることに大きな意味がある。

3　小学校では、保健のみでなく理科、社会、道徳などの時間も総合的に生かせる利点がある。

4　小学校では、保護者、教職員、地域の関係者が共同で取り組むことで教育効果を増幅させられるため、地域性を活かせる。

また、本書は「がん哲学外来」から見える日本社会の病理を伝えることもテーマでした。職場でがん患者が孤立しがちな実態や、がん患者を遠ざけるような差別がなお社会に残っていることをお伝えしました。

こうした病理を改善し、病気であっても病人ではない社会をつくる。このことが、がん教育の目指すところだと考えています。病気になった人が病人としてではなく、病気になるまでと変わらず個性あるひとりとして生きることが可能な社会であるべきだと痛感しています。

そのために、がん教育は、「支える」と「寄り添う」の違い、「会話」と「対話」の違い、人間には存在自体に価値があること、などを真剣に学ぶ場であってほしいと思います。本書がその一助になればと願ってやみません。

2020年1月

樋野　興夫

登場する人物と参考文献

＊1　新渡戸稲造（にとべ・いなぞう）

1862－1933年。農学者、教育者。南部藩士の三男として盛岡に生まれる。札幌農学校に入学し、キリスト教に入信。欧米に留学し、メアリー・エルキントンと結婚、札幌農学校の教授に。英語で『武士道』を出版し、第一高等学校長などを歴任。「太平洋の橋たらん」との信念を持ち、1920年、国際連盟事務次長に就いた。著書に『新渡戸稲造全集』（教文館）、『新渡戸稲造論集』（岩波書店）など。

＊2　内村　鑑三（うちむら・かんぞう）

1861－1930年。キリスト教思想家。高崎藩士の長男として江戸に生まれる。札幌農学校に入学後、洗礼を受ける。渡米後、第一高等中学校に務めたが、不敬事件で退き、万朝報記者に。足尾鉱毒問題を告発し、日露戦争では非戦論を主張した。雑誌『聖書之研究』を創刊し、無教会主義を唱える。ふたつのＪ（JesusとJapan）への献身を誓う。著書に『代表的日本人』、『内村鑑三全集』（岩波書店）など。

＊3　南原　　繁（なんばら・しげる）

1889－1974年。政治学者。香川県生まれ。第一高等学校で校長だった新渡戸稲造や、内村鑑三に出会う。東京帝国大学を卒業後、内務省を経て東大に戻り、渡欧後に教授となる。終戦後、東大総長に就き、講和問題では全面講和を主張して当時の吉田首相と対立し、「曲学阿世の徒」と非難された。貴族院議員、日本学士院院長も務めた。著書に『国家と宗教』、『南原繁著作集』（岩波書店）など。

＊4　矢内原忠雄（やないはら・ただお）
1893－1961年。経済学者。愛媛県生まれ。第一高等学校で校長だった新渡戸稲造の影響を受け、内村鑑三に私淑。東京帝国大学を卒業後、住友に入社したが母校に戻り、欧米に留学。その後、教授となり植民地政策を研究した。1937年、論文が軍政を批判したとして削除処分を受け、大学を辞職。終戦で大学に復帰し、南原繁の後任として東大総長に。著書に『矢内原忠雄全集』（岩波書店）など。

＊5　吉田　富三（よしだ・とみぞう）
1903－1973年。病理学者。福島県生まれ。東京帝国大学を卒業後、佐々木研究所に入所。ラットに化学物資を経口投与して、世界で初めて人工肝臓がんの生成に成功した。欧米に留学後、長崎医科大学、東北帝国大学を経て東京大学教授に。ラットの腹水内で増殖する「吉田肉腫」を発見するなど、がんの化学療法の研究などに貢献した。国語審議会委員も務めた。著書に『雑念雑記』（南山堂）など。

＊6　神谷美恵子（かみや・みえこ）
1914－1979年。精神科医、著述家。新渡戸稲造に師事した政治家・前田多門の長女として岡山に生まれた。幼い頃をスイスで過ごし、帰国して津田英学塾を卒業後、米国コロンビア大学で医学を学ぶ。東京女子医専卒業後、東京帝国大学精神科医局に入局。1957年から1972年まで国立療養所「長島愛生園」で医療活動に従事した。津田塾大学教授など歴任。著書に『神谷美恵子コレクション』（みすず書房）など。

各地のがん哲学外来（メディカルカフェ）

＊一般社団法人「がん哲学外来」ホームページ（http://www.gantetsugaku.org/）より。
「2019年12月現在」

詳細は、同社団法人（03－3288－2887）にお問い合わせください。

●北海道

新渡戸稲造記念 さっぽろがん哲学外来（札幌市）
札幌メディカル・カフェ（札幌市）

●青森県

弘前がん哲学外来メディカルカフェひとときき（弘前市）

●岩手県

新渡戸稲造記念 がん哲学外来メディカル・カフェ（盛岡市）
がん哲学外来メディカルカフェ in 盛岡（盛岡市）
もりおかまちなかカフェ（盛岡市）

●宮城県

がん哲学外来メディカルカフェ in 仙台（仙台市）
がん哲学外来 日和山カフェ（石巻市）
がん哲学外来 仙台チャウチャウ会（仙台市）

●福島県

吉田富三記念 福島がん哲学外来（福島市）
いわき市がん哲学外来カフェ（いわき市）

●茨城県

がん哲学外来さいわいカフェ in 茨城・筑西（筑西市）
がん哲学外来 古河そうわカフェ in 茨城（古河市）
がん哲学外来@あがっぺカフェ（那珂市）

●栃木県

まちなかメディカルカフェ in 宇都宮（宇都宮市）
二宮尊徳記念 宇都宮がん哲学外来メディカルカフェ（宇都宮市）

●群馬県

内村鑑三記念メディカルカフェ・沼田がん哲学外来（沼田市）
がん哲学外来カフェ in 万座（嬬恋村）
楫取素彦がん哲学外来メディカルカフェ in 前橋（前橋市）
がん哲学外来なごみカフェ（伊勢崎市）
新島八重記念 がん哲学なごみカフェ渋川（渋川市）
がん哲学なごみカフェ伊勢崎（伊勢崎市）
がん哲学外来カフェ　G-AYA（富岡市）

がん哲学外来　ひだまりカフェ in 邑楽（邑楽町）

●埼玉県

春日部がん哲学外来＆メディカルカフェ（春日部市）
新座志木がん哲学外来・カフェ（新座市）
がん哲学外来・まちなかメディカルカフェ in さいたま（さいたま市）
がん哲学外来メディカルカフェ@川越 to be cafe（川越市）
がん哲学外来大宮メディカルカフェ（さいたま市）
がん哲学外来@川越のぞみカフェ（川越市）
がん哲学外来メディカル・カフェ in SPU（越谷市）
川口がん哲学カフェ いずみ（川口市）
羽生・がん哲学外来カフェ（羽生市）

●千葉県

柏がん哲学外来（柏市）
がん哲学外来 ながれやまカフェ（流山市）
がん哲学外来 花一輪カフェ（八千代市）
野田がん哲学外来＆メディカルカフェ（野田市）
松戸常盤平がん哲学外来カフェ（松戸市）
がん哲学外来メディカル・カフェ in 市川（市川市）
がん哲学外来カフェ松戸（松戸市）

●東京都

東久留米がん哲学外来（東久留米市）
勝海舟記念 下町（浅草）がん哲学外来（台東区）
がん哲学外来お茶の水メディカル・カフェ in OCC（千代田区）
がん哲学外来カフェ in すみだ（墨田区）
多摩がん哲学外来カフェ（多摩市）
東村山がん哲学外来（東村山市）
渋沢栄一記念王子がん哲学外来（足立区）
がん哲学外来メディカル・カフェ@よどばし（新宿区）
町田がん哲学外来カフェ（町田市）
がん哲学外来銀座メディカルカフェ（中央区）
池袋がん哲学外来・帰宅中カフェ（豊島区）
がん哲学外来新小岩メディカルカフェ（江戸川区）
新宿東口がん哲学外来メディカルカフェ（新宿区）
がん哲学外来メディカルカフェ in 中野坂上（中野区）
がん哲学外来白鷺メディカル・カフェ（中野区）
おっぱいガン友プロジェクト（中野区）
がん哲学外来東中野メディカルカフェ（中野区）

がん哲学外来 メディカルカフェ 世田谷（世田谷）
茗荷谷がん哲学外来メディカル・カフェ（文京区）
がん哲学外来 メディカルカフェ ひばりが丘（西東京市）
目白がん哲学外来カフェ（豊島区）
がん哲学外来 本郷通りカフェ（文京区）
門前仲町がん哲学外来カフェ（江東区）
三番町がん哲学カフェ（千代田区）
弥生記念 がん哲学外来カフェ（新宿区）
吉田松陰記念　北千住がん哲学外来（足立区）
町田・鶴川がん哲学外来カフェ（町田市）
がん哲学外来 小金井メディカルカフェ（小金井市）
メディカルカフェ・ぶどうの木（練馬区）
がん哲学外来@聖橋プラムカフェ（文京区）
常盤台がん哲学外来（板橋区）
三鷹がん哲学外来カフェ（三鷹市）
がん哲学外来カフェ・玉川学園（町田市）
がん哲学外来メディカル・カフェ in 荻窪（杉並区）
メディカルカフェ@成増（練馬区）
がん哲学外来永福南カフェ（杉並区）
がん哲学外来　経堂メディカル・カフェ（世田谷区）
がん哲学外来　多摩川せせらぎカフェ（大田区）
茗荷谷メディカルカフェ（文京区）
丘の上カフェ（文京区）
新渡戸記念中野総合病院 がん哲学外来（中野区）
岡倉天心記念がん哲学外来・巣鴨カフェ「桜」（豊島区）
立川 がん哲学外来 メディカル・カフェ（立川市）
学生街 がん哲学外来・カフェ inお茶の水（千代田区）
ほとりカフェ in 東カベ（世田谷区）
がん哲学外来・死生学カフェ“らくだ”in NBC（練馬区）

●神奈川県

横浜がん哲学外来（横浜市）
モトスミ がん哲学カフェ（川崎市）
新百合ヶ丘メディカル・カフェ（川崎市）
川崎駅前 がん哲学外来・カフェ（川崎市）
がん哲学外来えびなカフェ（海老名市）
東林がん哲学外来カフェ（相模原市）
メディカル・カフェ in 菊名（横浜市）
がん哲学外来さがみはら・F（相模原市）

たまプラーザがん哲学外来カフェ（横浜市）
がん哲学外来 in Yokohama Spes Nova（横浜市）
湘南こころサロン（鎌倉市）
メディカルカフェ　in 横浜磯子（横浜市）
がん哲学外来カフェ in 三浦海岸（三浦市）
桜 がん哲学外来・カフェ（松田町）
メディカルカフェ in 東白楽（横浜市）

●新潟県

新潟がん哲学外来カフェ（新潟市）
新潟がん哲学カフェ「寛ぎ」ホット♡ステーション（新潟市）

●富山県

がん哲学外来とやま　メディカルサロン“ほっこり”（富山市）
富山県立中央病院 がん哲学外来（富山市）

●石川県

金沢がん哲学外来（金沢市）

●福井県

浅井三姉妹記念 福井がん哲学外来（福井市）

●山梨県

富士山記念　山梨がん哲学外来（北杜市）
清里・メディカルカフェ（北杜市）
武田信玄記念 がん哲学外来メディカルカフェ「風林火團」（甲府市）
八ヶ岳メディカル・カフェ（北杜市）

●長野県

佐久がん哲学外来ひとときカフェ（佐久市）
がん哲学外来　あさま対話カフェ（佐久市）
松本がん哲学みずたまカフェ（松本市）
軽井沢がん哲学外来カフェ（軽井沢町）

●岐阜県

織田信長記念 がん哲学外来@カフェディアス（岐阜市）
がん哲学外来メディカルカフェ@東美濃「ぬくたぁカフェ」（瑞浪市）
がん哲学外来　つむぎの路 おおがき（大垣市）
旬を生きる・惣沼カフェ（郡上市）

●静岡県

静岡メディカル・カフェ（静岡市）
メディカル・カフェ～がん哲学外来～ 静岡県立総合病院（静岡市）
ポジかん静岡 がん哲学カフェ＜おちゃばな＞（静岡市）

がん哲学外来カフェ　柿田川（清水町）
がん哲学外来メディカルカフェ@三島（三島市）

●愛知県

名古屋メディカル・カフェ（名古屋市）
シャチホコ記念がん哲学外来メディカルカフェ（名古屋市）
みそかつがん哲学外来（名古屋市）
がん哲学外来・メディカルカフェ@長久手「たつせカフェ」（長久手市）
メディカルカフェ「みどりーむ」（名古屋市）
がん哲学外来メディカルカフェ IN日進 放課カフェ（日進市）

●滋賀県

びわこ大津がん哲学外来・メディカルカフェ（大津市）
がん哲学外来　メディカルカフェ　“いづみ”（大津市）

●京都府

がん哲学外来京都メディカルカフェ（京都市）

●大阪府

がん哲学外来　ファミニティカフェ（大阪市）
がん哲学外来メディカルカフェ あずまや（守口市）
がん哲学外来なんばカフェ（大阪市）
がん哲学外来エリザベートメディカルカフェ（大阪市）
がん哲学外来阪急梅田メディカルカフェ（大阪市）
がん哲学外来メディカルカフェ『you more ☆』（大阪府）
がん哲学外来 メディカルカフェ ビオファ（大阪市）
がん哲学外来カフェ @わくわくサロン（堺市）
忍ヶ丘メディカルカフェ　ほほえみ（四條畷市）
がん哲学カフェ in 森小路（大阪市）
大阪谷町がん哲学外来・画廊カフェ（大阪市）

●兵庫県

がん哲学学校 in 神戸（神戸市）
がん哲学カフェ in 播磨（姫路市）
こころ♪ひより　Café（姫路市）
がん哲学外来メディカルカフェ　Le Moi（西宮市）
がん哲学外来　明石メディカルカフェ（明石市）

●奈良県

がん哲学外来大仏さんカフェ（奈良市）

●島根県

神在りの國から：がんメディカルカフェ（出雲市）